ちくま新書

勘定奉行の江戸時代

藤田 覚
Fujita Satoru

1309

勘定奉行の江戸時代【目次】

はじめに

　江戸幕府の勘定奉行《かんじょうぶぎょう》と勘定所は、まことに面白い役人であり役所である。「勘定」というと、お金の計算や代金の支払いを思い浮かべてしまう。しかし、江戸時代の勘定奉行と勘定所は、お金の計算も重要な職務だったが、財政、農政、交通、司法など、江戸幕府の重要な政治機能の多くを担っていた。さらに、寺社奉行・町奉行とともに三奉行《さんぶぎょう》（寺社奉行・町奉行・勘定奉行を総称）の一員として、江戸幕府の重要な政治案件の意思決定に関わっていた。

　財政は、江戸幕府に限られるわけではないが、国家や政府のもっとも重要な主題である。農政は、江戸幕府の四〇〇万石《ごく》をこえる幕府領（「御料《ごりょう》」と表記し「天領《てんりょう》」と俗称する）を支配し、財政収入の根幹である年貢の徴収を担った。それにとどまらず、生産・流通・金融に対するさまざまな経済政策を立案、実施した。現代日本の中央省庁で、財務省（旧大蔵省）こそが役所中の役所の位置にあることを念頭におくと、勘定奉行と勘定所の重要性がわかりやすい。

交通では、道中奉行を兼任し、東海道など五街道を含む主要な街道と宿駅、および助郷《すけごう》（宿駅周辺の村むらが宿駅常備の人馬では不足する人と馬を提供し、陸上交通を支えた制度）を管理し、陸上交通体系を維持していた。また、江戸時代の最高裁判所ともいうべき評定所のメンバーであるだけではなく、勘定所の役人が評定所それ自体と寺社奉行の裁判を実質的に支え、江戸幕府の司法の主要な部分を担っていた。これも現代日本の中央省庁でいえば、国土交通省（旧運輸省）と法務省の機能に相当している。このように、勘定奉行と勘定所は江戸幕府のもっとも重要な役人であり役所だった。

ところが、勘定奉行に就任した幕臣の経歴をみると、歴々たる旗本とはいえない者もいる。俗に言う「どこの馬の骨ともわからない」というほどではないものの、厳しく年貢を取り立て「胡麻《ごま》の油と百姓は絞れば絞るほど出るもの」と放言したといわれる勘定奉行神《かん》尾春央《おはるひで》は、当時から伊豆三島辺の百姓の出身と噂された（後述するようにこれは誤伝）。

また、しばしば本文に登場する川路聖謨《かわじとしあきら》は、幕臣でもなかった家の出自ながら勘定奉行になった。御目見得《おめみえ》以下の御家人《ごけにん》身分から勘定所の内部で昇進し、勘定奉行になった者もいる。勘定所の内部昇進で奉行にまでのぼりつめた、いわゆるノンキャリアの「叩き上げ」が一〇パーセントもいる。これは、町奉行所など歴々たる旗本だけが奉行に就任するキャリアコースの役所などではあり得ない、勘定所の特異な仕組みがあったからである。

そして、そのような出自の奉行が個性的な役人として活躍するのが、勘定奉行と勘定所の実に興味深い所である。

勘定奉行と勘定所の歴史をみると、江戸幕府を中心とした政治や経済の歴史の大きな流れ、および江戸幕府の役人組織の特色などをみることもできる。冒頭の言にもどるが、勘定奉行と勘定所はまことに面白い。

第一章

勘定奉行は幕府の最重要役人

†勘定奉行とは

江戸幕府の数ある役所のひとつで、幕府財政の運営、および財政収入の中心である幕府領の年貢徴収と裁判、すなわち幕府領の支配行政＝農政を担当した役所の長官である。勤務する役所は、江戸城本丸御殿内の御殿勘定所と江戸城大手門横の下勘定所の二か所あった。なお、役所を勘定所、職員を勘定方、勘定奉行などと書くが、江戸時代は御勘定所、御勘定方、御勘定奉行と称され、「御《ご》」を付けて呼ばれた。将軍の米穀・金銭の出入りを扱うことから、「御勘定」と尊称された。本書では、煩雑さを避けるため「御」を省く。

勘定奉行は、もともとは奉行とは称されず、元禄《げんろく》年間（一六八八〜一七〇四）までは勘定頭《がしら》と呼ばれていた。幕府では、一般に軍団の長を頭《かしら》と呼ぶ。たとえば、将軍直属の軍団である大番、書院番、小姓《こしょう》組番などの長は、大番頭、書院番頭、小姓組番頭と呼ばれた。町奉行も、役所である奉行所は「御番所」ともいわれ、長である町奉行は「御頭《おかしら》」などと呼ばれていた。頭はごくありふれた職名だった。

幕府の財政と幕府領の支配行政を行う、すなわち財政と農政を統一的に管掌する勘定奉行の前身である勘定頭が、寛永《かんえい》年間（一六二四〜四四）に確立し、勘定所の職員であり勘定奉行の属僚である、〈勘定頭―勘定組頭―勘定―支配勘定〉という勘定所職制が、万《まん》治《じ》・寛文《かんぶん》期（一六五八〜七三）に確立したとされるので、一七世紀の半ば過ぎに勘定奉行（頭）と勘定所が確立したということができる（大野瑞男『江戸幕府財政史論』吉川弘文館、一九九六年。以下勘定所の組織については同書による）。後述のように、勘定所は一八世紀初めの享保の改革において大規模な機構、組織改革が行われる。

†勘定奉行への途

勘定奉行に就任する者の履歴などについては後で詳しく説明するので、ここでは簡単な説明にとどめよう。

幕臣のうち、幕府の軍事部門（「番方《ばんかた》」とよばれる）である書院番、小姓組番から目付《めつけ》に転出し、長崎奉行などを経て勘定奉行に就任するコースが主流であった。目付を経験してから累進するので、これを「目付コース」と呼び、それに較べると数は少ないが、勘定所やそれ以外の幕府の財政に関わる役人から勘定奉行に昇任する者もあり、なかにはごく少数だが勘定所の末端職員から奉行に上りつめる者もいたので、これを「叩き上げコース」と呼んでおこう。

前者は、いくつもの役所・役職を渡り歩いて幕府役人としてのキャリアを積み上げ、そのうえで勘定奉行の職を務めたのに対して、後者は、同じ財政関係の役職、あるいは勘定所のなかで昇進を遂げ、その過程で実務的で実践的な経験知を蓄えて勘定奉行の職務にあたった、という差異があった。幕末に対外的危機などきわめて困難な政治課題に直面したとき、「目付コース」と「叩き上げコース」の役人が対立することになる。

勘定奉行は、旗本が就任するポストとして実質的には最上位にある。しかし、勘定奉行を経て町奉行に就任する者は多いが、その逆、すなわち町奉行を経て勘定奉行に就任する者はいない（なお、町奉行が勘定奉行を兼任した例はあるが、その逆はない）。つまり、幕府の役職上の格式としては、町奉行が勘定奉行より上位だった。

歴代の町奉行をみてみると、たとえば寛永一五年（一六三八）に就任した酒井《さかい》因幡守《いなばのかみ》忠《ただ》知《とも》のように、江戸時代の早い時期から「〜守」という国司《こくし》・受領名《ずりようめい》がついている。これは位階が五位（従五位下）の武士、中小大名や幕府上級役職者に与えられた官職名で、諸大夫《しよだい》夫《ふ》といわれる。ところが、歴代の勘定奉行（頭）をみると、早い時期に諸大夫はいない。勘定奉行が諸大夫の格式になったのは、貞享《じようきよう》二年（一六八五）からだからである。また、役職についた旗本に知行《ちぎよう》や俸禄のほかに支給された役職手当である役料をみると、町奉行が一〇〇〇俵、勘定奉行は七〇〇俵で町奉行より少なかった（寛文五年〈一六六五〉の例）。享保の改革の人材登用策、財政政策のなかで足高《たしだか》制が導入され、役職ごとに決められた役料は、町奉行も勘定奉行も三〇〇〇石になり、役料の面では同格になった（たとえば、知行五〇〇石の旗本が勘定奉行に就任すると、在職中は役料との差額である二五〇〇石分が支給される仕組み）。

このように、役職上の格式では勘定奉行は町奉行より一段低かった。

†財政・農政・交通を管轄

勘定奉行の主要な職務は、幕府の財政運営と幕府領の支配行政（年貢徴収と裁判）で、勘定所職員らを指揮して職務の遂行にあたった。勘定奉行が幕府領支配行政や財政運営に関わる諸業務を行うために、勘定所内部の職員ではないものの、多くの幕府役人を配下に置いている。全国に散在し四〇〇万石をこえる幕府領の支配（年貢徴収と裁判）を第一線で担う郡代《ぐんだい》・代官、収納した年貢米・金から幕臣らへの俸禄《ほうろく》などを支給する切米《きりまい》手形（切手）に押印する切米手形改 役《あらためやく》、幕府の米蔵などに納められた年貢米・金を管理する浅草蔵奉行、二条蔵奉行、大坂蔵奉行、幕府の金蔵を管理し金銭の出納をする金奉行《かねぶぎょう》、さらに灯油の支給、漆の収納などを担当した漆油奉行、幕府所有の山林を管理した御林奉行、河川を航行する川船からの徴税などを担当した川船改役（川船奉行の後身）、裁判にかかわる評定所留役《どめやく》などがそれである。

勘定奉行はそれだけではなく、五街道などの主要道路、および宿駅・助郷などの管理を行う道中奉行も兼任した。道中奉行は、万治《まんじ》二年（一六五九）に大目付が兼任する職として始まり、元禄一一年（一六九八）に勘定奉行も兼任するようになった。その結果、道中奉行は大目付と勘定奉行の各一名が兼任する二人制になった。属僚は道中方《かた》といい、勘定組頭のうちの一名が兼任し、支配勘定四名が実務にあたった。職員の構成をみると、道中奉行も実質的には勘定奉行と勘定所が担っていたことがわかる。つまり勘定奉行は、江戸幕府の全国陸上交通の維持・管理を担当していた。

†幕府の司法を担う

勘定所は、享保《きようほう》六年（一七二一）に勝手方《かつてがた》（財政）と公事方《くじかた》（裁判）とに職務を分け、職員もそれに応じ分けて配置した。勘定奉行もその翌年、勝手方担当二名と公事方担当二名とに分けて専任とした。全国の幕府領で起こされた訴訟は勘定奉行と配下の各地の代官が担当したが、幕府領と大名領の住民間の訴訟など、支配違いの者の間の訴訟は、勘定奉行・代官単独では扱えなかった（大名も同様だった）。

幕府は評定所を設置し、他領他支配の者の間の訴訟を裁いた。たとえば、幕府領の百姓と大名領の百姓との間の相論《そうろん》（民事裁判）は、訴訟当事者の一方が幕府、他方が藩の支配を受けるというように支配違いのため、評定所が裁判を行ったのである。勘定奉行は、関八州の幕府領と私領（大名領や旗本領）の者の間の訴訟、また関八州の幕府領・私領の者、および関八州以外の幕府領の者と江戸町人との訴訟を受け付けた。そして、公事方勘定奉行が評定所のメンバーとして、裁判を担当したのである。

寺社奉行は三奉行の一員であり、全国の寺社行政とともに寺社領民の訴訟、および関八州以外の私領の者と江戸町人とのあいだの訴訟を受け付けた。寺社奉行は町奉行・勘定奉行と異なり、独自の役所を持たず自身の屋敷（大名が務める役職なので江戸藩邸のこと）において、評定所から派遣される幕臣である「吟味物調役《ぎんみものしらべやく》」と家臣から任命した手留役《てどめやく》・寺社役・検使などの職員を指揮し、評定所のメンバーとして訴訟を担った。属僚のなかでも評定所から派遣される「吟味物調役」が重要な役割を果たしたが、これは勘定所役人の出向だった。つまり、寺社奉行が担当した裁判の実務は、おもに勘定奉行の属僚である勘定所役人が担っていた。

寺社奉行・町奉行・勘定奉行の三奉行により構成される評定所は、すでに説明したように、幕府の奉行や代官、あるいは大名などが単独では裁判できない支配違いの者の間の訴訟を裁く重要な司法機関だった。その構成員である三奉行を評定所一座とも称した。

評定所には、裁判その他評定所の役務を担当した評定所留役(頭取《とうどり》一名・留役一〇名・留役助《たすけ》五名・留役当分助五名)、裁判書類を整理した評定所書物役《かきものやく》、会計事務を担当した評定所改役がいた。しかしこれら評定所職員は、すべて勘定所役人の出役《でやく》(出向)だった。なお、訴状を読み上げる「訴状読《よみ》」は儒者の役だったが、寛政《かんせい》二年(一七九〇)からは評定所留役が行うようになったので、評定所の職員はそのほとんどが出向した勘定所役人だったのである。つまり、評定所の裁判実務を担ったのは勘定所役人だったといえる。

このようにみてくると、江戸幕府の重要な裁判機関である評定所も、また寺社奉行の裁判機能も、勘定所役人の出向、すなわち勘定所によって担われていたことがわかる。江戸市中の住民の訴訟を裁いた町奉行所を除くと、幕府の裁判機能（大坂町奉行、京都町奉行、堺奉行、奈良奉行などが担当した上方地域などを除く）は、勘定所が担っていた。勘定所は、幕府の財政・農政を担当しただけでなく、裁判機能、司法の大半も担った役所だった。

†川路聖謨の職歴から

具体例として、嘉永《かえい》五年（一八五二）に勘定奉行に就任した川路聖謨《としあきら》（一八〇一〜六八）の職歴を取り上げてみよう。川路聖謨は、文化一四年（一八一七）に勘定所の筆算吟味《ひっさんぎんみ》に合格し、翌文政《ぶんせい》元年（一八一八）三月に「支配勘定出役」（無役の小普請組に在籍しながら勘定所に出向）に採用された。そして四月からの勤務場所は評定所で、職名は「評定所書物方当分助」だった。その仕事は、評定所の裁判記録などを整理・保管する役目だった。

文政四年に支配勘定になり、小普請組《こぶしんぐみ》からの出向ではない正式の勘定所役人になった。勤務場所は以前と変わらず評定所に出向し、職名は「評定所留役助」になり、評定所の裁判に関わることになった。文政六年正月に「助」がとれて「評定所留役」になり、同時に「寺社奉行吟味物調役当分助」を命じられ、寺社奉行の裁判に関わることになった。しかし、九か月で寺社方は免除になり評定所留役に戻った。文政一〇年七月に再び「寺社奉行吟味物調役当分助」を命じられ、同年一二月には「助」がとれて寺社奉行吟味物調役になり、寺社奉行の裁判実務を担う役職に就任した。そして、天保《てんぽう》二年（一八三一）九月に勘定所の勘定組頭格《かく》に昇任し、勘定所勤務になったのである。

川路聖謨の職歴にみるように、勘定所役人が出向して、評定所書物方、評定所留役、寺社奉行吟味物調役を務め、勘定所が江戸幕府の裁判機能の多くを担う役所だったことがよくわかる。勘定奉行とは、幕府の財政運営と幕府領農政を担当するのみならず、五街道を始めとする主要街道と宿駅・助郷など、江戸時代の陸上交通体系の維持・管理を担い、さらに江戸幕府の裁判機能の多くを担った役所の長官だったのである。

川路聖謨（東京大学史料編纂所蔵）

†重要政策決定に参画

それだけではなかった。老中から重要案件について諮問をうけ、三奉行の一員として幕府の重要政策の意思決定にも関わった。三奉行がいつから重要政策の諮問をうけるようになったのかはっきりしないが、一八世紀末の寛政期からは確認できる。

著者が確認できた最初は、ロシアが千島列島を南下して蝦夷地《えぞち》に接近しているとの情報と、寛政元年（一七八九）五月に蝦夷地クナシリ・メナシのアイヌが蜂起した事件などをうけて、老中が寛政四年七月に蝦夷地政策を立案するため三奉行に諮問した一件である（以下は、拙著『近世後期政治史と対外関係』東京大学出版会、二〇〇五年による）。

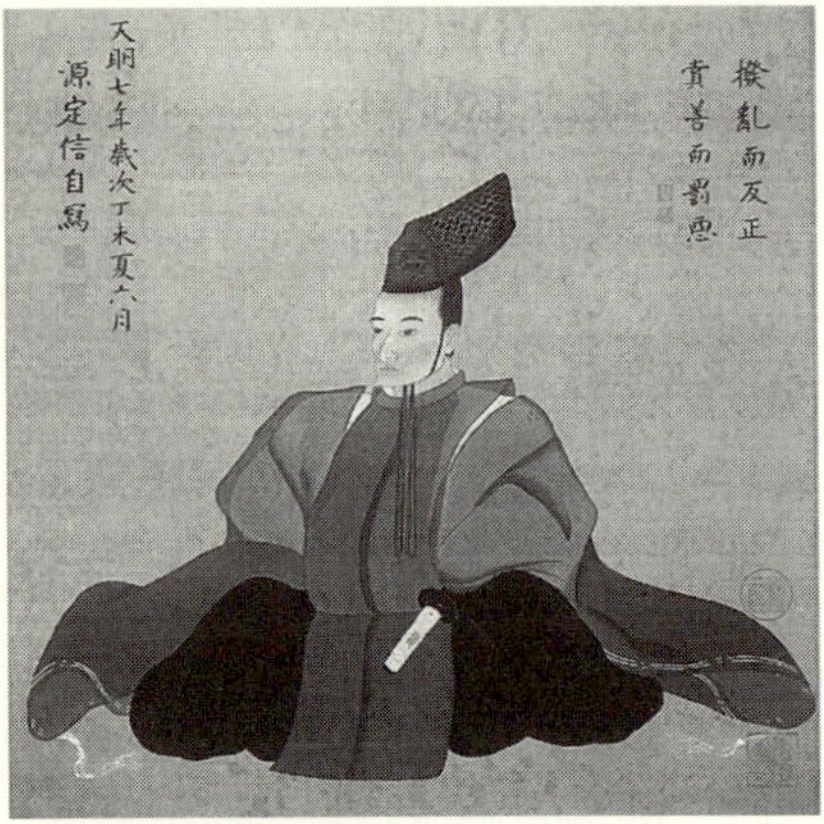

松平定信（鎮國守國神社蔵）

　諮問を受けた三奉行がなかなか答申を提出しなかったため、老中松平定信《まつだいらさだのぶ》は同年一二月に自身の対策案をまとめ、それを三奉行らに下げて意見を求めた。三奉行は、一二月と翌寛政五年二月の二回にわたり答申を提出したという。

　次は、ロシア使節アダム・ラクスマンが寛政四年九月、漂流民大黒屋《だいこくや》光太《こうだ》夫《ゆう》らを伴って蝦夷地根室《ねむろ》に渡来した事件だった。老中松平定信を中心とした幕閣は、蝦夷地を支配する松前藩からの届書とラクスマン書状を三奉行に下げてその意見を求めた。三奉行はそれに答え、一致した意見をまとめた「評議書」を差し出している。三奉行は会合などをもって議論し、意見をまとめたのだろう。ロシアから使節が来日し、外交関係の樹立を求めるという大事件に遭遇した老中は、対応策について三奉行としての見解を求めたのである。

ついで、幕府は寛政一一年正月、七か年間という年限をきって「東蝦夷地」（現北海道の東半分）を松前藩から取り上げ、こののち文政四年（一八二一）まで続く蝦夷地直轄政策に踏み切った。「蝦夷地御用掛《がかり》」という役職を設けて直轄政策を推進し、そのなかで蝦夷地全域（カラフト〈サハリン〉から千島列島〈クリール諸島〉までを含む）を直轄することが政策上必要だという意見が強まった。そこで享和《きょうわ》元年（一八〇一）二月、全蝦夷地直轄策の是非について三奉行に諮問が行われた。これに対して、老中からの指示により、三奉行としてのまとまった意見ではなく、奉行一人一人が個別に回答している（奉行所の職員と相談することも無用、と老中から指示された）。

これ以降では、ゴロヴニン事件の解決策の諮問がある。文化元年（一八〇四）九月に長崎に来航したロシア使節レザノフへの対応をきっかけに、文化三年からロシアと蝦夷地において紛争状態になった。そのなかで文化八年（一八一一）、クナシリ島でロシア軍艦艦長ゴロヴニンらを捕らえ、箱館・松前で禁錮したゴロヴニン事件が発生した。この事件の解決策をめぐって、文化九年に二回にわたり老中から諮問があり、これにも三奉行一人一人が個別に回答している。

文政八年（一八二五）二月に発令された異国船打払令（無二念打払令《むにねん》）に関わり、発令の前年に、渡来する異国船対策について三奉行に諮問があった。天保八年（一八三七）六月、浦賀漂流民の送還を兼ねて対日貿易の樹立を図るアメリカ船モリソン号が浦賀に渡来し、浦賀奉行所がこれに砲撃を加えて退去させたモリソン号事件が起こった。幕府は再び漂流民を伴って渡来することを想定し、そのさいの対応について諮問があり評定所一座として回答している。

また、天保一五年（一八四四）七月、日本に開国を勧告したと理解されたオランダ国王親書が送られてきた事件が起こった。その翌年に謝絶する主旨の老中回答書がオランダ政府に送付されたが、この回答についても三奉行は諮問をうけた。老中阿部正弘は弘化《こうか》三年（一八四六）、嘉永《かえい》元年（一八四八）、嘉永二年の三回にわたり、異国船打払令の復活（文政八年〈一八二五〉に発令された打払令は、天保一三年〈一八四二〉に撤回され薪水給与令《しんすいきゅうよれい》が出されていた）をねらい、そのたびごとに三奉行に諮問している。

このように、三奉行に対する老中の諮問は一八世紀末から確認でき、いずれも幕府の対外政策、江戸時代の対外関係に関わる重大案件だった。

対外関係、対外政策を審議し処理する部署として、弘化二年（一八四五）に「海防掛《かいぼうがかり》」が設けられ、老中、若年寄、大小目付、勘定奉行、勘定吟味役のうちから選任された。さらに、日米修好通商条約が結ばれた安政《あんせい》五年（一八五八）七月には、海防掛が廃止になり外国奉行が新設された。貿易や諸外国との対応・交渉にあたった外国奉行には、勘定奉行と兼任で就任する者や、外国奉行から勘定奉行に昇進する者も多かった。このように、幕末になればなるほど、勘定奉行は対外関係・対外政策の立案に深く関わっていたのである。

勘定奉行は、幕府財政・幕府領行政・幕府司法のみならず、あるいはそれが故に対外政策を中心に幕府の重要政策の立案・意思決定に参画していたのである。勘定所は江戸幕府の最重要役所であり、勘定奉行は最重要役職だった。

第二章

御家人でも勘定奉行になれる——競争的な昇進制度

1　大名・幕臣の序列

†大名と幕臣の序列

勘定所の人事システム、昇進制度は、江戸幕府のなかできわめて特殊なものだった。そのことを理解していただくため、まず幕臣たちの江戸幕府における昇進制度のおおよそを説明しておこう。

はじめに、江戸時代の半ば以降、八代将軍徳川吉宗《とくがわよしむね》の時代である享保期（一七一六〜三六）頃からの幕臣たちの昇進コースを紹介しよう。大名と幕臣には、おのおの格式の序列がある。それは、「殿中席書席順《でんちゅうせきしょせきじゅん》」という、大名や幕臣が江戸城に登城したさいに控えている（詰めている）本丸御殿内の座敷（詰め所）の違いで明示された。天明《てんめい》七年（一七八七）六月に出された、「当時殿中席書」（『御触書天保集成』三号）を見てみよう。

大名であれば、大《おお》廊下という座敷に、尾張《おわり》徳川家などの三家、一橋家などの三卿《さんきょう》、さらに、加賀《かが》の前田家、薩摩《さつま》の島津家、越前《えちぜん》の松平家などが詰め、大名のなかで別格の格式を誇った。それ以下の大名は、黒書院溜間《くろしょいんたまりま》を筆頭に、大広間、帝鑑《ていかん》間、柳間、雁《かり》間、菊間と続く。これは、溜詰《づめ》大名、国持《くにもち》大名、譜代大名など、大名の格式の序列を詰める部屋によって示す。大名にとって、大名家としての格式、すなわち大名家の家格の序列、家格の優劣をはっきり表していたので重要だった。

幕臣では、将軍の身辺や江戸城の要所を警護する軍事の役、いわゆる番方の幕臣が、菊《きく》間《のま》、南の方襖際《ふすまぎわ》、南の方敷居の外の順番で、大名が詰める部屋へと続く。大番頭、書院番頭、小性（姓）組番頭が菊間に詰め、御使番《おつかいばん》、書院番組頭、小性組組頭が南の方襖際、旗奉行、槍奉行などが南の方敷居《しきい》の外《そと》に詰める。その次に、行政部門、いわゆる役方《やくかた》の幕臣が詰める。大雑把にいえば、〈大名→番方幕臣→役方幕臣〉という序列である。

江戸城本丸御殿における席順をみると、幕臣のなかでは番方の役職が役方の役職より序列が上位だったことがよくわかる。大名の場合、家の格式を示す序列なのでずっと続くが、幕臣の場合は、家の序列ではなく役職の序列なので、役職を離れれば関係なくなる。

†幕臣の役職序列

幕臣は、厳密なことをいえば、すべて徳川家の御家《おいえ》の人という意味で御家人なのだが、そのなかに御目見得以上と以下の格差があり、通常、前者を旗本、後者を御家人と呼びならわしている。将軍に拝謁（御目見得《おめみえ》）する資格の違いで、拝謁できるのが御目見得以上＝旗本、拝謁できないのが御目見得以下＝御家人である。この身分差は大きな壁で、それにより就任できる幕府役職の範囲も決まっていた。

幕府の役職の序列は、江戸城に登城したさいの詰め所の座敷とその並び順により示されていた。これも、先の天明七年の「当時殿中席書」からみてみよう。まず芙蓉《ふよう》の間、ついで芙蓉の間縁頰《えんがわ》、以下、山吹の間、連歌の間北の縁頰、中の間、桔梗《ききよう》の間、躑躅《つつじ》の間、紅葉の間、虎の間、土圭《とけい》の間、檜《ひのき》の間、医師の間、焼火《たきび》の間、台所廊下、玄関と続く。詰める座敷によって役職の序列が表示された。幕府役職の最上位は、芙蓉の間とその縁頰に詰める役人だった。

芙蓉の間に詰める役職は、まず奏者番《そうしゃばん》、寺社奉行、大坂定番《じょうばん》、伏見《ふしみ》奉行とならぶ。これらは、譜代大名などが就く大名の役職なので、旗本ら幕臣の役職ではない。旗本らが就任する役職としては駿府《すんぷ》城代、留守居《るすい》、大目付、町奉行、勘定奉行、作事《さくじ》奉行、普請奉行の順となる。芙蓉の間縁頰には、甲府勤番《きんばん》支配、長崎奉行、京都町奉行、大坂町奉行、駿府定番、禁裏付《きんりづき》、仙洞付《せんとうづき》、山田奉行、日光奉行、奈良奉行、堺奉行、駿府町奉行、佐渡《さど》奉行、浦賀《うらが》奉行の順であった。芙蓉の間は、江戸勤務の役人、芙蓉の間縁頰は、江戸を離れた遠《おん》国《ごく》勤務の役人が詰めるという違いがあった。芙蓉の間とその縁頰に詰める役職者たちは、老中・若年寄らを除くと、江戸幕府の政治・行政上の重要な職務に従事する要職者、いわば政府高官にあたる人びとであり、錚々《そうそう》たる幕府役人であった。

旗本ら幕臣にとって、幕府役人の役職上の格式という点では、駿府城代、留守居、大目付が頂点だった。しかし、町奉行と勘定奉行は、大名が就任する役職である寺社奉行とともに三奉行と称され、すでに説明したように老中から重要な政治案件について諮問をうけて答申し、さらに幕府の最高裁判所ともいうべき評定所のメンバーとして重要裁判を担当した。江戸幕府の政治的な意思決定や重要な裁判に関わったことから、職務上の格式は大目付などより低いものの、実質的には幕臣の役職の頂点に位置していた。

つまり旗本らにとって、町奉行や勘定奉行に就任することこそが、幕府役人としての出世の頂点だった。なお最初に触れたように、序列としては町奉行が勘定奉行より上位にあった。

†幕臣の昇進コース――遠山景晋の事例

ここで、旗本たちがどのようなコースを経て町奉行や勘定奉行に上りつめるのか、いろいろな道筋があるものの、その典型と思われるケースを紹介しよう。それは、一八世紀末から一九世紀前半にかけての幕府政治のなかで活躍した遠山景晋《とおやまかげみち》（一七五二～一八三七）の場合である。遠山景晋といってもその名前を知る人は少ないと思うが、その子が「刺青をした名奉行遠山金さん」こと遠山景元《かげもと》（一七九三～一八五五）である。

遠山景晋は宝暦《ほうれき》二年（一七五二）、一〇〇〇石取りの旗本永井直令《ながいなおよし》の四男に生まれた。永井金四郎は、家督《かとく》を相続する者以外は他家に養子にいかざるを得ない当時の通例にもれず、五〇〇石取りの旗本遠山家の養子になり、遠山金四郎景晋となった。景晋は天明六年（一七八六）、三五歳で遠山家の家督を嗣ぎ、翌年、将軍が外出するさいの身辺警護や殿中の警備を職務とする小姓組番の番士となった。それまで何の役務にもついていなかった旗本が、大番や書院番・小姓組番（この二組を両番《りょうばん》といった）に入ることを番入《ばんいり》といったが、景晋は、三六歳にして番入しはじめて幕府の役務についたのである（それまでは部屋住みや厄介と呼ばれた)。

幕府は寛政一一年(一七九九)、東蝦夷地を直轄した。書院番頭松平忠明《ただあき》らが蝦夷地の巡視を命じられたさいに、景晋はその随行員に撰ばれ、翌寛政一二年に徒頭《かちがしら》に昇進した。徒頭は、御目見得以下の歩卒である徒《かち》(徒士《かち》)を統率して将軍外出時などに警備にあたる役職である。その二年後の享和二年(一八〇二)、満五〇歳にして幕府の要職である目付に登用された。その後、文化元年(一八〇四)長崎に来航したロシア使節レザノフとの折衝、二度にわたる蝦夷地出張、文化五年と文化八年の二回にわたり、朝鮮通信使来日に向けた予備交渉と来日した使節応接のため対馬《つしま》(長崎県対馬市)へ出張した。文化九年、数え六二歳で長崎奉行に昇進し、在職四年にして文化一三年に作事奉行に異動になり、そして数え六八歳の文政二年(一八一九)、ついに勘定奉行に昇進し幕臣が就く役職の頂点に上りつめ、一〇年間在職して文政一二年に辞職し隠居した。

簡単にまとめると、遠山景晋は、〈小姓組番士→徒頭→目付→長崎奉行→作事奉行→勘定奉行〉という昇進コースをたどった。実はこれは、勘定奉行へ上りつめるありふれたコース(目付コース)だった。ただ景晋は、勘定奉行就任時には数え六八歳というかなり高齢に達していたので、かならずしも順調な昇進というわけではなかった。

†遠山景元の昇進

しかし、その子金四郎景元は、文政七年（一八二四）数え三二歳のとき、部屋住み（嫡《ちゃく》男《なん》でまだ家督を相続していない者や、次男以下で分家や独立せず親などの家にいる者のこと）の身ながら西丸小納戸《にしのまるこなんど》役に召し出され、幕府役人としてのスタートを切った。家督を嗣いだのち、天保三年（一八三二）に西丸小納戸頭取格、天保五年に西丸小納戸頭取、翌天保六年に小普請奉行、天保八年に作事奉行と、まことに順調な昇進を遂げ、天保九年には、父景晋が就任した最高職である勘定奉行に就いた。父親は数え六八歳だったが、子の景元は数え四六歳だった。父に比べ、子の景元がいかに順調な昇進を遂げたのかがわかるだろう。さらにその二年後の天保一一年には北町奉行に就任し、役職上の格式では父親を越えた。約三年在職して大目付に転任し、格式の上ではさらに昇進した。

遠山景元は、〈西丸小納戸→西丸小納戸頭取格→西丸小納戸頭取→普請奉行→作事奉行→勘定奉行→北町奉行→大目付（→南町奉行・再任）〉という昇進コースをたどった。いくつもの役職に二年前後在職し、つぎつぎと転任・昇進を繰り返し、勘定奉行さらに町奉行にたどりついた。それは、現代日本の中央省庁のキャリア官僚の職歴をみるようであろう。

遠山家は、御目見得以上で、知行五〇〇石取りの旗本である。小川恭一氏『徳川幕府の昇進制度――寛政十年末旗本昇進表』（岩田書院、二〇〇六年）によると、寛政一〇年（一七九八）の時点で、旗本は五一五八家あり、そのうち知行五〇〇石以上は一六七二家、比率にして三二パーセントを占める上位層にあり、五〇〇石取りとはいえ、遠山家は旗本家としては名家である。このように旗本のなかでも上位層の者が、順調な昇進を遂げ、芙蓉の間に詰めるような幕府の要職に就いていたのである。

2 勘定所の昇進の実態

†勘定所の職員

すでに簡単に紹介しておいたが、ここで勘定所の職員について詳しく説明しておこう。

幕府の財政運営や幕府領農政などは、もともとは年寄（後の老中）が担っていたが、寛永年間（一六二四～四四）に確立した勘定頭が担当するようになった。勘定頭の属僚である勘定組頭は、寛文《かんぶん》四年（一六六四）以前の設置、勘定は寛永年間以前から存在、支配勘定は万治《まんじ》二年（一六五九）の設置とされているので、万治・寛文期（一六五八～七三）には、〈勘定頭―勘定組頭―勘定―支配勘定〉という勘定所の職制が確立した。なお、勘定所の職員としては、宝暦《ほうれき》五年（一七五五）に支配勘定見習、寛政《かんせい》八年（一七九六）に勘定出役・支配勘定出役が設けられた。

勘定組頭は役高三五〇俵で常に一二名前後いて、勘定所の職務を分掌し配下の勘定—支配勘定を指揮して勘定所業務を遂行していた。多くは勘定から昇進し、その後には勘定吟味役に昇進したり郡代・代官に転出していった。

勘定が勘定所の中心になる職員で、宝暦一一年（一七六一）に一三四名いた。役高は一五〇俵、格式は御目見得以上（いわゆる旗本）、おおむね親子代々で勘定所の勘定になる者が多いので、実質的には世襲制だった。この点では、町奉行所の職員である与力・同心がおおむね世襲制だったのと同じである。親子代々で務めることにより、勘定所の実務の仕方を継承し蓄積していった。

支配勘定は宝暦一一年に九三名いて、役高一〇〇俵、格式は御目見得以下（いわゆる御家人）で、徒目付《かちめつけ》（目付の指揮のもと警備や探索を職務とした）、火の番、小普請、普請役など御目見得以下の幕臣から採用された。勘定所職員の格式は、御目見得以上の勘定と御目見得以下の支配勘定との間に大きな格差があった。しかし、支配勘定から勘定に昇進する者も多く、その結果、幕臣として御目見得以上の格式に上昇する家も多かった（いちど御目見得以上の格式を得れば、それ以後ずっと家格は御目見得以上になる仕組み）。

†勘定吟味役

勘定所には、勘定奉行（頭）以下諸役人の業務の監察役として勘定吟味役がいる。天和《てんな》二年（一六八二）に「勘定頭差添役《さしぞえ》」「勘定吟味」が置かれたのが、その始まりである。元禄一二年（一六九九）にいったん廃止されたが、正徳《しょうとく》二年（一七一二）七月に新井白石《あらいはくせき》の建議により再び設置され、幕末まで続いた。

白石は、五代将軍徳川綱吉の時代の始めまでに年貢が著しく減り、治水以下の土木工事の経費が増加した原因を代官所手代《てだい》らの不正に求め、天和二年に勘定吟味役を置くことにより改善されたという歴史的経緯を指摘したうえで、①年貢と代官の良否、②年貢米の運送、③治水などの土木工事、④道中宿駅、⑤諸国の鉱山、の五項目の監査を職掌とする勘定吟味役の再設置を進言した（新井白石『折たく柴の記』岩波文庫）。この再設置は、勘定頭として勘定所に君臨した荻原重秀《おぎわらしげひで》（後述）を牽制するための措置だった。

勘定吟味役には、その配下として〈勘定吟味方改役—勘定吟味方改役並《なみ》—勘定吟味方下役〉が置かれた。勘定吟味役は勘定組頭の中から選任され、配下は勘定と支配勘定の中から就任した。勘定吟味役は、勘定所業務の全般を監察し、勘定奉行と勘定所職員に不正行為があれば老中に上申することになっていた。また、勘定所の各種の帳簿・書類に奉行と並んで署名していた。

†筆算吟味

勘定所には、職員採用試験である「筆算吟味」という試験制度があった。これは、勘定所業務を遂行するうえで必要な文字・文章を書く能力（「筆」）と計算（ソロバン）能力（「算」）を確かめ、勘定所職員としての適性を見る試験だった。勘定所に限らず幕府では、大番や書院番などの番士の採用「番入」にあたって、考試である吟味は行われたが試験ではなかった。幕府の試験制度で有名なのは「学問吟味《ぎんみ》」である。幕臣に学問、とくに朱子学を奨励するため、寛政の改革の一環として朱子学の学識を試す「学問吟味」が始まった。この試験では、甲・乙・丙という三ランクが合格とされた。ただ、たとえ最優秀の「甲」という成績を得ても、賞詞と褒美を与えられるものの、幕府役職への採用や出世を約束するものではなかった。だが、それが出世や昇進のきっかけになるケースもあった。

しかし、勘定所が行った筆算吟味は採用試験なので、合格するとしばらくして採用された。一例として、嘉永《かえい》五年（一八五二）に勘定奉行に昇進した川路聖謨（一八〇一〜六八）のケースを紹介しておこう（以下、川路聖謨の履歴などは、川田貞夫『川路聖謨』人物叢書、吉川弘文館、一九九七年による）。川路聖謨は享和《きょうわ》元年（一八〇一）に豊後日田《ぶんごひた》代官所の手代内藤歳由の子として誕生した。代官所の手代は、幕臣身分ではなかった。内藤歳由は江戸に出て、文化三年（一八〇六）に西丸御徒《おかち》になり、下級（御目見得以下）とはいえ念願の幕臣になった。聖謨は文化九年に小普請川路家（無役の御家人の家）の養子に入った。文化一〇年に一三歳で元服し家督を相続した聖謨は、小普請という無役から抜け出すため必死に就職活動を行った。文化一四年一七歳のとき、学問吟味合格を就職の手掛かりにしようとしたのだろうか、学問吟味を受験したが不合格だった。しかし、同年に行われた勘定所の筆算吟味を受験し合格した。そして翌年、一八歳で勘定所支配勘定出役（小普請組に属しながら、支配勘定の役職を務める。本役が小普請組で支配勘定が出役、ということ）に採用され、念願の就職を果たしたのである。

川路聖謨は、文政四年（一八二一）に支配勘定に任じられ、「出役」がとれ晴れて支配勘定が本役（無役の小普請組から抜け出した）になった。さらに文政六年には勘定に昇任し、ついに御目見得以上、いわゆる旗本の家格になった。天保二年には勘定組頭格になり「永々《えいえい》御目見得以上」（川路聖謨一代ではなく、川路家が子孫まで御目見得以上になる家格となる）と申し渡され、天保六年（一八三五）にはとうとう勘定吟味役に抜擢された。これは、職務に精励して勘定所の実務に精通し、その優れた能力を発揮した結果だった。そののち佐渡奉行、奈良奉行、大坂町奉行を経て嘉永五年（一八五二）に勘定奉行に昇進した。

このように川路聖謨は、父親が幕臣ではない代官所手代から御徒になり最下級の幕臣になった家の子に生まれ、ついで御目見得以下の小普請の家に養子に入ったという出自だった。しかし、筆算吟味に合格することにより勘定所職員の末端に採用され、累進して勘定奉行にまで上りつめたのである。なぜ川路聖謨のような昇進が可能なのか、そこに特異な勘定所の昇進システムを見ることができる。

†勘定所の特異な昇進システム

つぎに、勘定所内部の昇進システムをみておこう。実は、勘定所の昇進システムは、幕府の他の役所、奉行所のそれと大きく異なるところがある。それは川路聖謨の事例に見るように、職制の最末端の吏員からトップの奉行にまで昇進できる仕組みがあったことである。もちろん、能力や業績次第なのだが。

馬場憲一氏の研究「勘定奉行・勘定吟味役の昇進過程に関する一考察」(『法政史学』第二七号、一九七五年)によると、勘定奉行就任者二一三名のうち、番方からいくつかの役職を経て勘定奉行になった者が一五四名で、七二・三パーセントを占めている。そのうち、大番や書院番などの番士から目付を経て勘定奉行になる、あるいは遠山景晋の事例でみたように、目付から長崎奉行などを経て勘定奉行になった者(目付コース)が一〇八名で、五〇・七パーセントと過半数を超えている。ここから、これが勘定奉行昇進のメインコースだったことがわかる。それは、おもに上層旗本の出世コースであり、いわばキャリア官僚の昇進コースともいえる。

このほかに、勘定所内部やその他の財政関係のいろいろな役職を経て勘定奉行に昇進した者が五九名で、全体の二七・九パーセントを占める。このうち、勘定→勘定組頭→勘定吟味役と勘定所の職階を順次のぼって奉行になった者、勘定組頭から奉行に昇進した者をあわせると二三名いる。このコースは、勘定奉行就任者の総数二一三名のうちの二三名、一〇パーセントちょっとにすぎないので、非常に少なかったといえる。しかし、この一〇パーセントちょっとが重要なのである。

†勘定所の内部昇進

勘定所内部からの昇進の一例として、享保一六年(一七三一)一〇月に勘定奉行に就任し、元文《げんぶん》二年(一七三七)九月に亡くなるまで務めた細田《ほそだ》時以《ときより》の場合を紹介しておこう。

細田家は、代官など勘定所系の職につく者が多く出た家筋である。時以の祖父が分家して家を興し、蔵米(知行地からの年貢ではなく、浅草御蔵から米で支給される)一〇〇俵(地方《じかた》知行に換算すると一〇〇石の知行に相当する)を支給されて代官を務め、父時矩《ときのり》は勘定から代官になり、蔵米一五〇俵に加増された。細田家は、蔵米一五〇俵ながら御目見得以上の旗本家であった。

細田時以は、まず元禄一二年(一六九九)に勘定になり、正徳四年(一七一四)に金《かね》奉行(勘定奉行の配下で、幕府金蔵の管理と出納にあたる役)に転任し、翌年に蔵米五〇俵を加増(合計二〇〇俵)され、享保六年(一七二一)勘定組頭、同八年に勘定吟味役と累進、同一四年に知行三〇〇石を加増されて知行五〇〇石(加増三〇〇石と蔵米二〇〇俵〈＝知行二〇〇石に相当〉を知行に替えて計五〇〇石)になり、同一六年に勘定奉行に昇進した。細田時以は、〈勘定→金奉行→勘定組頭→勘定吟味役→勘定奉行〉という昇進のコースをたどるとともに、蔵米一五〇俵からスタートして知行五〇〇石のれっきとした旗本家になった。

†特異な役所内部昇格

勘定所内部の職階を上ってトップの奉行に昇進する者が、ごく少ないとはいえ一〇パーセントいる。この事実こそ、勘定所の昇進システムの特異なところであり重要なのである。それを、江戸町奉行所と比べるとはっきりする。町奉行に就任した者は一〇〇人近くを数えるが、町奉行所の職員である与力《よりき》・同心《どうしん》から奉行に昇進した者は誰ひとりとしていない。同心・与力から他の役所や役職に転じ、それを経て町奉行に昇任した者も皆無である。だから、勘定所の職員が内部昇任によって奉行にまで昇進する仕組みは、幕府の重要役所では異例なことである。

とくに、内部昇任による奉行への昇進は、八代将軍徳川吉宗の享保期（一七一六〜三六）から目立つようになった。享保一六年（一七三一）に勘定奉行になった杉岡能連《すぎおかよしつれ》は、俸禄一五〇俵の勘定から勘定吟味役を経て昇進、細田時以はすでに説明した。享保一九年に勘定奉行になった神谷久敬《かみやひさよし》は、御家人と思われる近藤四郎兵衛の子として生まれ、旗本神谷家の養子となり、俸禄一五〇俵の勘定から勘定吟味役を経て昇進した。元文二年（一七三七）に勘定奉行になった神尾春央《かんおはるひで》は、勘定を代々務める旗本家の出身で勘定吟味役を経て昇進した（後述）。寛保《かんぽう》三年（一七四三）に勘定奉行になった萩原美雅《はぎわらよしまさ》は、勘定から組頭、勘定吟味役、そして佐渡奉行を経て就任した。このように、内部昇格で勘定奉行に就任した者が享保期以降に目立つ。

京都町奉行所の与力を務めた神沢杜口《かんざわとこう》は、近年（一八世紀半ばから後半のこと）の様子をみていると、立身出世する幕臣は、側衆《そばしゅう》や側用人《そばようにん》など将軍の側近に時々いるが、それ以外では例外的に勘定所にいると注目している。その原因として、足高制《たしだか》が採用されたことをあげる。足高制とは、例えば知行三〇〇〇石級の大身旗本でないと就任できなかった勘定奉行に、知行五〇〇石の旗本でも在職中に限り三〇〇〇石を支給（二五〇〇石を足すことになる）されることにより就任できるようになった制度のことで、幕府享保の改革において人材登用と財政政策のために導入された仕組みだった。

中下層の旗本でも（あるいは出自が御目見得以下の御家人でも）、器量（才能や能力）次第で勘定奉行にまで昇進できる道が開かれたので、勘定所の役人たちは職務に励み、平《ひら》の勘定は組頭に、組頭は勘定吟味役に、そして勘定吟味役は勘定奉行に昇進することを願った結果だと、神沢はいう（神沢『翁草《おきなぐさ》』3、『日本随筆大成』第三期第21巻所収）。足高制は、その対象が勘定所だけではなかったので、町奉行にも知行五〇〇石級の旗本が多く就任するようになったが、町奉行所の吏員（与力・同心）から町奉行に昇進した者は皆無である。そこに、勘定所の特異性があった。

†御家人からでも勘定奉行へ

特異さはそれにとどまらなかった。町奉行は、知行五〇〇石以上の歴々の旗本から就任するのが普通である。ところが、勘定所の内部から昇任して勘定奉行に就任した者を子細にみると、その出自がまことに多様なことに気づく。なかには、もとは御目見得以下の御家人の出自で、御家人が務める役職にいたが、勘定所に転任になり、勘定の職に就くことによって御目見得以上の家格に昇格し、累進して勘定奉行になった者、また、御家人の家に生まれたが、御目見得以上の旗本家へ養子に行って、勘定から昇進して勘定奉行に出世した者などがいる。つまり、勘定奉行には、もとの出自が御家人身分だった者もいるということなのである。

その一例として先に簡単に紹介した、享保一九年（一七三四）一二月から寛延《かんえん》二年（一七四九）六月まで勘定奉行に在職した、神谷久敬をみてみよう。久敬は、御目見得以下の御家人と思われる近藤四郎兵衛の子として生まれ、四郎兵衛の妻で久敬の母が神谷久豊《ひさとよ》（久敬からすると祖父にあたる）の娘という関係からか、神谷久時《ひさとき》の婿養子になり神谷久敬となった。神谷家は、養父久時の代に勘定所に入って蔵米一五〇俵の勘定になり、御目見得以上の旗本家に昇格した家である。久敬は、元禄五年（一六九二）勘定になり、同一六年に勘定組頭に昇任して蔵米一〇〇俵を加増（合計二五〇俵）され、享保八年（一七二三）勘定吟味役に転じ、同一四年に二五〇石加増され、蔵米二五〇俵（知行二五〇石に相当）を知行に改められ、合わせて知行五〇〇石取りの旗本になった。そして同一九年に勘定奉行に昇進し、亡くなる寛延二年まで在職した。

神谷久敬は、〈（御家人近藤家→旗本神谷家へ婿養子）勘定→勘定組頭→勘定吟味役→勘定奉行〉という昇進コースをたどるとともに、知行五〇〇石の旗本になった。

神谷久敬は、出自としては御家人の家ながら養子に行くことにより旗本身分となり、勘定所内で累進して勘定奉行に昇進した。同様な事例で、勘定奉行としてその名を知られる者に、いわゆる田沼時代に活躍した小野《おの》一吉《くによし》や松本秀持《まつもとひでもち》がいる（後述）。

天保一三年（一八四二）五月から同一四年五月まで勘定奉行に在職した岡本成、天保一五年一〇月から嘉永三年（一八五〇）七月まで勘定奉行に在職した久須美祐明《くすみすけあき》などは、もともとは御家人株を入手した家の出自（武士身分ではなかったという意味）ながら、後に勘定奉行にまで出世した人びとである。また、嘉永五年九月から安政五年（一八五八）五月まで勘定奉行に在職した川路聖謨はすでに紹介した通り、正式には幕臣と言えない豊後日田郡代の手代であった父親が、御家人株（御徒）を取得して御家人になった家の出自だった。支配勘定を振り出しに、トップの勘定奉行に昇進するまで三四年かかっている。

また、安政五年五月に勘定奉行に昇進（翌年一〇月まで在職）した佐々木顕発《ささきあきのり》は、旗本家の家臣から御家人株を取得して幕臣になり累進した人物である。勘定から勘定吟味役を経て、幕府に出仕して二七年目の嘉永四年七月に奈良奉行に抜擢されたさい、佐々木を推薦した川路聖謨が、「江戸中の上下、目を驚かすことにて（中略）よるもさわるも、佐々木とてうらやみおもう」と書いているほど話題になったという（川田貞夫『川路聖謨』人物叢書）。

川路聖謨や佐々木顕発らは、神谷久敬、小野一吉、松本秀持らのように勘定所内部だけで累進を遂げ勘定奉行に昇進したわけではなく、勘定吟味役ののちいくつかの役職を経て勘定奉行に昇進した。勘定所一筋というわけではないものの、類似のケースと言える。ともに勘定所で「叩き上げ」た実務官僚というべきだろう。

このように、もともとは御家人ですらなく、御家人株を取得して御家人になり、累進して勘定奉行にまで上りつめたケースさえあった。俗な言葉でいえば、「どこの馬の骨ともわからない者」までが勘定奉行になっている。それが可能だったのが勘定奉行であり、勘定所だったのである。

†御庭番からも勘定奉行

幕府の多様な職種から出た人物が、勘定奉行に就任しているのも特徴のひとつである。さきに紹介した小野一吉は、細工所《さいくじょ》同心組頭の子であり、松本秀持は天守番の出身で、勘定所と直接の関わりはなかった。さらに、御庭番《おにわばん》の家筋からも勘定奉行に就任したケースもあり、大変ヴァラエティに富んでいるのが特徴である。

御庭番とは、老中以下の諸役人に関する風聞・風評、さらに事件や騒動が発生すると、ときに将軍の命をうけて諸国へ派遣されて情報収集を行った役職で、いわゆる隠密である。御庭番の報告書（これは「風聞書《ふうぶんしょ》」といわれる）は、将軍側近のお側《そば》御用取次《とりつぎ》を通して将軍に差し出され、必要に応じて老中に下げ渡された。御庭番とよく似た役割を果たした役職が小人《こびと》目付で、目付—徒《かち》目付の指揮をうけて各地で隠密に情報収集にあたったが、探索の報告は目付を通じて老中へ集約された。御庭番と同じく、遠国への調査出張のさいは商人や旅人に変装して出かけたという。

〈小人目付↓徒目付↓目付↓若年寄・老中〉に対して〈御庭番↓お側御用取次↓将軍〉という指揮系統になる。御庭番は、老中もあずかり知らぬところで情報収集を行い、老中の身辺すら調査した。御庭番は、将軍の目となり耳となり情報を収集した将軍直属の諜報員だった。八代将軍徳川吉宗のときに初めて設けられ、吉宗が紀伊《きい》藩主から将軍になるにあたって江戸へ連れてきた紀伊藩士がその役についた。目安箱《めやすばこ》の設置などとともに、将軍みずからが幕府政治を行うための道具のひとつだった。

山里《やまざと》、明屋敷《あきやしき》、あるいは御広敷伊賀者《おひろしきいがもの》と呼ばれ、また御広敷番などの職名で、江戸城大奥御殿の座敷に詰め、大奥の出入りや奥の御庭を警備し、ときに隠密御用を果たしていた。

文政元年（一八一八）九月から天保三年（一八三二）三月に亡くなるまで勘定奉行に在職した村垣定行《むらがきさだゆき》、天保三年三月から同一二年正月に亡くなるまで在職した明楽茂村《あけらしげむら》、天保一一年九月から同一四年一〇月まで在職した梶野良材《かじのよしき》などが、御庭番の家筋から勘定奉行に就任した人びとである。その中の村垣定行は、御庭番の家に生まれて御庭番となり、享和三年（一八〇三）御膳《おぜん》奉行、その翌年勘定吟味役に抜擢され、さらに文化四年（一八〇七）から九年まで松前奉行を務め、しばらく無役の後、文化一〇年五月作事奉行になり、文政元年（一八一八）勘定奉行に昇進して知行五〇〇石に加増された。

このように勘定奉行には、多いとはいえないものの、多様な出自や経歴、職歴をもった人びとが就任していた。歴々の旗本が、番方役職から目付になり、長崎奉行などの奉行職を転々として勘定奉行に昇進する「目付コース」をエリートコース、キャリアコースとすれば、これらはノンキャリア、あるいは「叩き上げコース」といえるだろう。もちろん、エリートコースを歩んだ勘定奉行の中にも優れた人物はいる。しかし、「叩き上げコース」の勘定奉行には、かなり個性的でその意味で興味深い、一時代を画すような人びとが多かった。

†勘定奉行の面白さ

勘定奉行・勘定所の特徴の第一は、職掌の幅が広いことと職務が重要なことである。幕府財政の運営、全国の幕府領からの年貢徴収と領民支配行政（農政）、五街道などの主要街道と宿駅・助郷を管理して全国の陸上交通体系を維持すること、幕府領内の裁判みならず、寺社奉行の裁判、さらには評定所の裁判もその多くを配下の勘定所職員が担い、江戸幕府の司法の重要な部分を担っていたこと、さらには三奉行の一員として江戸幕府の重要な政策決定・意思決定に参画したことである。勘定奉行とは、それほど江戸幕府の重職、要職だったのである。それゆえ勘定奉行・勘定所の歴史を知ることは、江戸幕府を中心とした江戸時代の政治や経済の歴史を知ることでもある。

特徴の第二は、ごく少ないとはいえ、幕臣ではない身分の出自からでも、勘定所の職員として累進し勘定奉行に昇進した者もいたことである。勘定所では、末端職員でも職務に精励し、能力を発揮して業績を積めば勘定奉行に昇進することが可能だった。目付から勘定奉行に就任するエリートコースともいうべき「目付コース」だけではなく、ノンキャリアが役所のなかで「叩き上げ」ることにより勘定奉行に就任する「叩き上げコース」があった。その点では、実力主義と言うことができ、これは幕府の役人・役所では特異なあり方だった。幕府財政の運営や四〇〇万石をこえる全国の幕府領の支配行政、交通や司法という難しい職務は、幕臣としての家柄や格式だけではなく、計数能力を含む実務能力を必要とした。それが、「叩き上げコース」があり得た理由だろう。

江戸時代は、福沢諭吉《ふくざわゆきち》が「親のかたき」と言うような厳しい身分制、家格制でガチガチに固められていたとみられがちである。基本的にはそうだったことは否定できないが、勘定奉行・勘定所をみていると必ずしもそれだけではなかったことがわかる。おそらく、ガチガチの身分制、家格制だけだったら三〇〇年近い政治制度が続くはずもなかった。江戸時代の政治・社会制度、江戸幕府の政治制度は柔軟な側面も持ち合わせていた。絶えざる政治改革と柔軟な面、そのしたたかさこそが、長く政治体制を維持できた理由の重要なひとつであろう。勘定奉行・勘定所の歴史は、そのようなことを考えさせてくれる歴史でもある。

第三章

財政危機の始まり——貨幣改鋳をめぐる荻原重秀と新井白石の確執

1　幕府財政の悪化

†幕府財政史の概観

幕府財政の歴史をかいつまんで説明しておこう。江戸時代の前期には、二百数十万石もの直轄領（幕府領。天領）からの年貢収入のほか、金銀鉱山からの収益と活発な外国貿易の利益があり、かなり豊かな財政だった。徳川家康の時代から、江戸城奥の御金蔵に膨大な金銀が蓄えられていた。
しかし、豊かな幕府財政を支えていた各地の鉱山はしだいに鉱脈が枯渇しはじめ、とくに主要な輸出品として重要だった銀の産出量が激減したため、貿易額を制限せざるを得なくなったほどである。その結果、鉱山と貿易からの年貢外収入は減少した。それに追い打ちをかけるように、明暦《めいれき》三年（一六五七）、江戸本郷丸山町《ほんごうまるやま》から出火した火の手は、江戸城天守閣をはじめ江戸市中を焼き尽くし、死者一〇万人以上を出す明暦の大火（振り袖火事とも丸山火事ともよばれる）の大惨事になった。幕府は、焼け残った西丸《にしのまる》以外の江戸城を再建し、防火対策として大名屋敷を江戸城から離れた所へ移転させ、さらに、広小路や火《ひ》除地《よけち》（空き地）など延焼対策を講じるなど、江戸城と江戸市中の大改造を行わざるを得なかった。
財政収入は減るのに、大火からの復興のため財政支出が多額にのぼったため、幕府財政は厳しくなってきた。儒学者の荻生徂徠《おぎゅうそらい》が『政談《せいだん》』（岩波文庫）のなかに、旗本伊丹勝長《いたみかつなが》（一六〇三〜六二）が勘定頭（奉行）だった時（一六五〇〜六二）に、親しい人に語ったことを父親から聞いた話として、次のようなことを書き留めている。伊丹は、
幕府財政は、収入より支出の方が多くなり、奥御金蔵に蓄えた金銀を、毎年一、二

万両も取り崩し補塡して財政運営をしている、この先の役人たちは苦労することになる

と語ったという。荻生徂徠はこの父親からの話をもとに、寛文年間（一六六一～七三）の中頃から幕府財政は赤字になっていった（「寛文の中頃より、はや世界そろそろとかようなる筋に赴けるとみえて」）とみたが、伊丹勝長の勘定頭在任期間からすると、寛文初年よりも早い時期から幕府財政は単年度では赤字になり、貯え金により補塡していたことになる。寛文年間以前から、幕府財政は慢性的な赤字体質になっていたのだろう。財政状態は五代将軍徳川綱吉《つなよし》の元禄時代になってさらに悪化し、幕府領からの年貢収入を基本とする経常収入では財政支出を賄えない事態におちいった。幕府財政は、現状のまま放置できない事態に立ち至った。具体的な財政状況を次にみてみよう。

†財政の実態と再建策の対立

元禄七年（一六九四）に、財政運営をめぐって幕府の内部で議論が行われ、財政赤字の打開策が論じられたらしい。元禄七年九月に、近年（直近とすれば元禄六年になる）の財政収入と支出、およびそれより一〇年以前（四代将軍徳川家綱《いえつな》の末期から五代将軍徳川綱吉の

「幕府の財政危機と改革」

1657	(明暦 3)	明暦の大火
1680	(延宝 8)	徳川綱吉将軍就任
1681	(天和元)	護国寺建立
1688	(元禄元)	柳沢吉保、側用人
1691	(元禄 4)	湯島聖堂を造営
1695	(元禄 8)	元禄の貨幣改鋳開始
1697	(元禄 10)	長崎会所設立
1709	(宝永 6)	徳川家宣将軍就任・新井白石登用
1713	(正徳 3)	徳川家継将軍就任
1714	4	正徳金銀鋳造
1715	5	正徳新例
1716	(享保元)	徳川吉宗将軍就任・享保の改革始まる
1720	5	国役普請始まる
1721	6	流地禁止令でる
1722	7	上米令・新田開発奨励
1723	8	足高の制
1724	9	米価対応物価引下げ令 株仲間公認
1730	15	堂島の米市場公認
1732	17	享保の飢饉
1736	(元文元)	元文金銀の鋳造
1745	(延享 2)	徳川家重将軍就任
1749	(寛延 2)	定免制の全面的実施
1760	(宝暦 10)	徳川家治将軍就任
1764	(明和元)	信濃上野下野武蔵で伝馬騒動
1772	(明和 9)	目黒行人坂大火
1780	(安永 9)	鉄座・真鍮座等の専売
1783	(天明 3)	浅間山噴火
1784	(天明 4)	天明の飢饉
1785	(天明 5)	蝦夷地調査団派遣 印旛沼干拓工事開始
1786	6	貸金会所御用金令・田沼意次失脚・大飢饉
1787	7	徳川家斉将軍就任・江戸打ちこわし・松平定信老中・寛政の改革始まる
1788	8	京都大火
1789	(寛政元)	郷蔵設置令・棄捐令
1790	2	異学の禁・帰村奨励
1791	3	七分積金始まる
1792	4	露使節ラクスマン来航 学問吟味始まる
1804	(文化元)	露使節レザノフ長崎来航
1805	2	関東取締出役設置
1810	7	会津藩と白河藩が江戸湾防備
1811	8	ゴロヴニン事件
1813	10	江戸十組問屋株札交付
1818	(文政元)	水野忠成老中・文政金銀鋳造開始
1825	8	異国船打払令
1833	(天保 4)	天保の凶作・飢饉
1835	6	天保通宝鋳造
1837	8	天保の貨幣改鋳・大塩事件・モリソン号事件・徳川家慶将軍就任
1841	12	天保の改革始まる 株仲間解散令
1842	13	薪水給与令
1843	14	貨幣改鋳の停止・上知令・印旛沼工事・水野忠邦罷免
1845	(弘化 2)	貨幣改鋳の再開
1853	(嘉永 6)	ペリー来日
1858	(安政 5)	日米修好通商条約
1859	(安政 6)	横浜・箱館・長崎で貿易開始
1860	(万延元)	万延貨幣改鋳
1863	(文久 3)	将軍家茂 230 年ぶりに上洛
1864	(元治元)	第一次幕長戦争
1866	(慶応 2)	幕府第二次幕長戦争に敗北
1867	(慶応 3)	金札発行
1868	(明治元)	王政復古の大号令

表1　歳出比較表

費目	額（A）両	%	額（B）両	%	指数
切米役料	36万9600	41.8	39万8000	31.2	108
扶持合力他	5万6840	6.4	6万7368	5.3	119
合　　力	2万6200	3.0	5万5580	4.4	212
納　　戸	5万7900	6.6	15万560	11.8	260
細　工　方	2300	0.3	1万1400	0.9	496
賄　　方	3万4544	3.9	2万4370	1.9	71
作　　事	4万3900	4.8	26万8500	21.1	612
所々作事	9900	1.1	1万2080	0.9	122
小細工方	1万5600	1.8	1万2280	1.0	79
畳　　方	3800	0.4	9870	0.8	260
万　入　用	2万300	2.3	1万7300	1.3	85
二条大坂他	14万1564	16.0	14万1564	11.1	100
在々入用	10万568	11.4	10万5692	8.3	105
合　　計	88万3016	100.0	127万4564	100.0	144

（A）は10年ほど以前の平均的な歳出額。（B）は元禄6、7年頃の歳出額。ともに米を金に換算した（米100俵が金28両の値段）。指数は（A）を100とした時の（B）の増加指数

初期の時期にあたる）の平均とを比較した文書（「御《お》蔵入高並《くらいりだかならびに》御物成元払積書《おものなりもとはらいつもりがき》」東京大学史料編纂所蔵）が、勘定所で作成された（藤田覚「元禄期幕府財政の新史料」『史学雑誌』九〇―一〇、一九八一年）。それは、老中たちが財政策を議論するための基礎資料だった。

【表1】は、直近の元禄六、七年の歳出と一〇年ほど以前の平均歳出額を比較した表である。

元禄六、七年の幕府の財政収入は、幕府領四一八万一〇〇〇石から米二一六万八七〇〇俵と金五六万二二七〇両（合わせて

約金一一七万両）と見積もられている。一方財政支出は、幕臣への俸禄や扶持《ふち》米・扶持合力などのいわば人件費金四六万五三六三両（米で支給されたものも金に換算している）を含めて、金一二七万四五六四両にのぼった。この結果、財政収支は金一〇万四五〇〇両の赤字になると計算されている。

ついでこの数字を、一〇年ほど以前の平均的な年間支出と比較している。その文書には、財政収入に変化はないのか、収入の数字をあげず、支出だけが書き上げられている。支出は、俸禄や扶持米・扶持合力など人件費金四二万六四四〇両を含め金八八万三〇一六両である。この結果、財政収支は金二八万六三〇〇両もの黒字になっている。この文書を作成した役人たちは、この文書の末尾に、一〇年ほど以前の平均的な支出額に戻せば、「これほど御金余り申す積もり（計算・見積もりの意味）にござ候」と書いている（もしこれが事実とすると、さきほど紹介した荻生徂徠の指摘と合致しない）。前代将軍家綱の末期から当代将軍綱吉の初期頃の財政支出に引き戻せば、すなわち財政を緊縮させれば財政赤字問題は解決する、と言いたかったのだろう。

幕府財政の再建をめぐり、勘定所内部には、財政緊縮により実現しようとするいわば財政緊縮派と、つぎに述べる貨幣改鋳によるいわば積極財政派とが存在し、政策上の対立が生まれていたらしい。

ところで、なぜ一〇万両以上もの赤字が出たのだろうか。一〇年以前とくらべて金額としてもっとも増えたのが、作事方《さくじかた》の経費だった。作事方の経費とは、江戸城本丸や大奥の御殿、徳川将軍家の菩提所《ぼだいしょ》である寛永寺《かんえいじ》や増上寺《ぞうじょうじ》などの普請工事・修繕にかけた費用のことである。寺社といえば、天和元年（一六八一）に、徳川綱吉が生母桂昌院《けいしょういん》の願いにより創建し、元禄八年以降は将軍家の祈禱《きとう》寺院となった護国寺《ごこくじ》（東京都文京区）を建立したこと、また、江戸上野忍岡《しのぶがおか》の大学頭《だいがくのかみ》林家《りんけ》の塾内にあった聖堂《せいどう》（孔子廟《こうしびょう》とも。孔子や諸賢《しょけん》を祀った）を、元禄四年に林家の塾とともに湯島（東京都文京区）へ移転させ、湯島聖堂を造営したことなどがあげられる。

作事方の支出は、一〇年前に金四万三九〇〇両だったものが、元禄六、七年には金二六万八五〇〇両、金額で二二万五〇〇〇両、なんと六倍も増加した。これに次ぐのが納戸《なんど》入用である。納戸入用とは、将軍家の衣服や調度、下賜品などにかけた費用のことである。一〇年前の金四万三九〇〇両に対し、元禄六、七年は金一五万五六〇〇両、金額にして一〇万両以上、三・四倍にもなる。結局、江戸城の御殿と寺社の普請や修復、将軍の衣服や調度（この場合は大奥の経費も含まれるか）の経費が膨れあがり、巨額の財政赤字を生んだのである。

2 荻原重秀と元禄の貨幣改鋳

†荻原重秀の履歴

荻原重秀《おぎわらしげひで》は万治元年(一六五八)、蔵米一五〇俵の勘定から腰物《こしもの》奉行になった荻原種重《たねしげ》の子に生まれた。重秀は、延宝二年(一六七四)、新規に勘定に召し出されて新たな家を興すことになり、蔵米一五〇俵を与えられた。勘定として、延宝総検地とよばれる上方《かみがた》を中心とした幕府領の検地に従事し、天和三年(一六八三)に勘定組頭に昇任、蔵米一〇〇俵を加増(俸禄は合計二五〇俵。知行二五〇石に相当)された。貞享四年(一六八七)九月に、勘定所の業務と奉行以下の役人を監査するため天和二年に新設された勘定吟味役に就任、元禄三年(一六九〇)に佐渡奉行を兼務した。さらに、つぎに述べる元禄の貨幣改鋳政策を推進するため、同九年勘定奉行(頭)に昇進したが、正徳二年(一七一二)に罷免され、同三年九月に死去した。

重秀は、勘定所の勘定から目覚ましい昇進を遂げて勘定奉行に就任した。それとともに、蔵米一五〇俵から出発し、天和三年に一〇〇俵加増されて計二五〇俵、貞享四年に三〇〇石加増され、蔵米を地方《じかた》知行に改められ（知行地を与えられること）合計で知行五五〇石になった。その後、元禄二年に二〇〇石、同八年に一〇〇〇石、同一一年に五〇〇〇石、宝永《ほうえい》二年（一七〇五）に七〇〇〇石、同七年に五〇〇〇石と繰り返し加増をうけ、最終的には三七〇〇石もの大身旗本になった。のちに、勘定所内部から累進して勘定奉行に就任した者は、就任時に知行五〇〇石に加増されることが多かったのに較べると、重秀の場合はまさに破格だった。ただし、罷免とともに処罰として三〇〇〇石を没収された。

†貨幣改鋳以外の業績

在職中の仕事としてもっとも有名で重要なのは後述する貨幣改鋳であるが、それだけではなかった。そのひとつは、重秀が勘定組頭から勘定吟味役に昇進する前後に行われた代官の大幅な粛清である。徳川綱吉が五代将軍になると、幕府領支配にあたっていた多数の代官たちが、勘定所に納めるべき年貢を滞納したり、年貢の会計に不正を働いたりしたという理由で、処罰され罷免された。そのなかには、江戸時代の初期から代々にわたって代官を務めてきた家の者たちが多く含まれていた。同時に勘定奉行らも多くが更迭されるなど、勘定所の機構と役人の改編が行われ、重秀は、この一連の代官粛清と勘定所改革に中心的な役割を果たした。重秀はその後も、佐渡金山の振興策や長崎貿易の改革などに取り組んで勘定所役人としての業績をあげ、有能な役人として頭角を現した。

†元禄貨幣改鋳に着手

なんといってももっとも有名なのは、元禄八年(一六九五)から始まった元禄の貨幣改鋳である。それは、それまで通用していた慶長金銀《けいちょうきんぎん》を、含有する金銀の量を減らした元禄金銀に改鋳した政策である。

すでに説明したように、恒常的に多額の赤字が出るような財政の悪化という事態に直面し、幕府では財政再建をめぐり財政緊縮策か増収策かの選択肢が議論された。財政緊縮派と積極財政派とが対抗し、結局は積極財政派が勝利して幕府は貨幣改鋳に踏み切った。

貨幣改鋳とは、それまで通用していた貨幣―慶長金銀貨―を回収して鋳つぶし、それよりも金銀の含有量を減らした質の劣る貨幣―元禄金銀貨―を鋳造し通用させることである。たとえば、金の含有量を三〇パーセント減らせば、一〇枚の一両小判から、一四枚の一両小判を鋳造できる計算になる。つまり、一〇両の小判を改鋳すると一四両の小判を鋳造でき、慶長小判一両と元禄小判一両を等価交換すれば、幕府は四両の利益を得られることになる。当時の人びとは、その利益(益金)のことを出目《でめ》とよんだ。元禄の貨幣改鋳とは、出目とよばれた改鋳益金により財政収入を増やし、財政の好転を図ることが一番の目的だった。

また、一七世紀末の元禄期には、全国的に商品流通や金融が活発化してきたため流通貨幣の需要が高まり、それまで通用していた慶長金銀では足りないという事態も生まれていた。しかし、金銀鉱山の衰退という現実から、新規に産出される金銀を材料として貨幣を大量に発行することは、現実的に不可能だった。そこで、貨幣の質を落として通貨の量を増やした貨幣改鋳策には、貨幣需要の増大という社会の要請に応えようとした面もあったといわれる（大石慎三郎『元禄時代』岩波新書、一九七〇年など）。幕府財政の増収策であるとともに貨幣需要の増大にも応える流通貨幣量の増加策、これが元禄の貨幣改鋳とよばれる政策であり、その政策を担い推進したのが、勘定奉行に昇進した荻原重秀だった。

†貨幣改鋳を推進

元禄小判は慶長小判と同じ重さに造られたが、小判一枚の金の含有量を、元禄小判は慶長小判の一五・〇グラムを一〇・二グラムに三二パーセント減らし、金の減った分は銀を増やして同じ重さにした。にもかかわらず、元禄小判一両と慶長小判一両とを等価に交換させた。銀貨である元禄丁銀《ちょうぎん》・豆板銀《まめいた》は、慶長丁銀・豆板銀の銀の含有量を二〇パーセント減らし、その分だけ銅などの量を増やして鋳造された。元禄銀も金貨と同じように、慶長銀と同量で交換された。元禄銀は元禄小判と較べれば相対的に質の良い通貨であり、この後に鋳造される宝永丁銀・豆板銀と較べてもまだまだ良質だった。

慶長小判と元禄小判の品位（金貨に含まれる金の比率）を千分比で見ると、

慶長小判	金八六七・九	銀一三二・一
元禄小判	金五七三・七	銀四二六・三

である。同じように慶長丁銀・豆板銀と元禄丁銀・豆板銀の品位（銀貨に含まれる銀の比率）を千分比で見ると、

慶長丁銀・豆板銀	銀八〇〇・〇	銅など二〇〇・〇
元禄丁銀・豆板銀	銀六四〇・〇	銅など三六〇・〇

である。

元禄八年（一六九五）から宝永七年（一七一〇）までの約一六年間に、元禄小判と一分金《いちぶきん》（四枚で金一両に相当）・二朱金《にしゅきん》（二枚で金一分に相当）で、合計金一三九三万六二二〇両

鋳造した。元禄丁銀・豆板銀は、同じ期間に四〇万五八五〇貫も鋳造した。

だが、貨幣改鋳はこれにとどまらず、銀貨を中心にさらに劣悪な貨幣の鋳造に突き進んでいった。宝永三年（一七〇六）から同七年まで、元禄丁銀・豆板銀をさらに改鋳し、宝永丁銀・豆板銀（宝字《ほうじ》銀《ぎん》・二つ宝銀とも）を、二七万八一三〇貫鋳造した。元禄銀の銀含有量が千分比で六四〇であったものを、宝永銀は五〇〇に引き下げた。さらに宝永七年三月、銀含有量の千分比を四〇〇に引き下げた永字丁銀・豆板銀（二宝字銀とも）を五八三六貫鋳造した。加えて同年四月から翌年にかけて、三つ宝字銀・豆板銀を三七万四八七貫鋳造した。銀含有量の千分比は、三二〇にまで低下した。

それどころか、正徳元年（一七一一）から翌年九月にかけて四〇万一二四〇貫鋳造した四つ宝字銀・豆板銀に至っては、銀含有量の千分比が二〇〇しかない。銀含有量千分比が八〇〇だった慶長丁銀・豆板銀と比べると、銀含有量の千分比はわずか二五パーセントしかなかったことになる。慶長金銀貨に比べ、また元禄丁銀・豆板銀と比較しても、まさに劣悪な貨幣と言わざるを得ない。

†貨幣改鋳と物価高騰

質の劣る貨幣の大量鋳造は、当然のことながら物価に影響を与えた。これまで、貨幣の改悪は物価の騰貴を引き起こしたと言われてきた。しかし近年、村井淳志氏『勘定奉行荻原重秀の生涯』（集英社新書、二〇〇七年）は、改鋳後の一一年間の名目米価の上昇率は三三パーセント、年率換算で三パーセントにすぎないことから、改鋳により物価が騰貴したという説に疑問を投げかけた。この点は、物価騰貴という語句からどの程度の物価上昇をイメージするのかにもよる。欧米諸国と自由貿易を開始した安政六年（一八五九）の幕末開港から七、八年後に、四〜五倍にも上昇した物価は、物価騰貴を通り越して狂乱物価、あるいはハイパーインフレである。

約一六年のあいだ改鋳した元禄小判は、慶長小判の金含有量を三四パーセント減らし、同じ期間に改鋳した元禄銀は、慶長銀の銀含有量を二〇パーセント減らしたのだから、名目米価の上昇が約一〇年間に三〇パーセント上昇したのは、なんとなくうなずける数値である。貨幣の質が低下した分だけ物価が上昇した、ということになりそうである。

また、村井淳志氏は改鋳開始から一一年間の米価を取り上げて、貨幣改鋳と物価の関連を論じたが、まさにその一一年が過ぎた時から鋳造を開始したのが、宝永丁銀・豆板銀、さらには四つ宝字銀・豆板銀だった。劣悪な銀貨としか言いようのない通貨の大量発行は、とくに銀遣《ぎんづか》いの上方地域（銀遣いとは銀建てで価値を表現し、江戸の金遣《きんづか》いとは、金建てで価値を表現したことを意味する）では、物価の高騰は激しかった。いずれにしても、元禄の貨幣改鋳後の物価上昇率は、江戸時代ではかなりの高率であり、その主な原因が貨幣改鋳にあったことは疑いない。

†貨幣改鋳の理由

宝永三年から矢継ぎ早に劣悪な銀貨の鋳造を行ったのには、やむを得ないような事情もあった。宝永丁銀・豆板銀の鋳造は、元禄地震の復旧・復興のための支出が関係していた。元禄一六年（一七〇三）一一月二三日に南関東に起こった、房総半島野島崎沖を震源とするマグニチュード八前後の巨大地震により、小田原・江戸・房総地域を中心に、倒壊家屋二万戸、死者五〇〇〇人という甚大な被害をもたらした（南関東大地震）。江戸城の損害も大きく、その復旧に多額の経費を必要とした。

宝永七年からの永字丁銀・豆板銀、三つ宝字銀・豆板銀の鋳造は、宝永四年の富士山噴火、宝永五年（一七〇八）に京都大火により焼けた禁裏《きんり》御所や仙洞《せんとう》御所の造営費用、宝永六年に死去した将軍徳川綱吉の葬儀関係の経費と墓所である御霊屋《おたまや》の造営費、綱吉の妻（御台所《みだいどころ》）の新たな住居の造営費、さらに徳川家宣《いえのぶ》の新将軍就任に伴う将軍代替わり儀式の経費、新将軍が日常生活をおくる江戸城本丸御殿のなかの中奥《なかおく》にある御座所《ごさしょ》の改築費、などなどの諸費用を捻出するためのものだった。

また、正徳元年（一七一一）に鋳造した四つ宝字銀・豆板銀は、徳川家宣の新将軍就任を祝うため同年に来日した朝鮮通信使に関わる経費が主な理由とされる。

震災や大火なども重なってさまざまな臨時的経費が嵩み、幕府の蓄え金が底をついている現実から、貨幣改鋳の利益（出目）によりその経費を捻出しようとしたのである。しかし、あたかも「打出《うちで》の小槌《こづち》」のように質を落とした貨幣をつぎつぎ改鋳して利益を得、幕府財政を運営するようになったことは、新井白石らから強い批判を招いた。それは、勘定奉行荻原重秀の罷免と三〇〇〇石没収という処罰になり、ふたたび慶長金銀の品位へ戻そうとした正徳金銀・享保金銀の鋳造への政策転換を引き起こし、幕府通貨への信用の低下など貨幣と経済の混乱をもたらした。

将軍綱吉・家宣・家継《いえつぐ》三代の治世とその時代の風評を集めた、儒学者の太宰春台《だざいしゅんだい》の作ではないかといわれる『三王外記《さんのうがいき》』には、荻原重秀の語ったこととしてつぎのような記事が載せられている。なお、『三王外記』には信憑性の薄い風聞も多く載せられているので、扱いに注意が必要である。

貨幣は国家が造る所、瓦礫《がれき》をもってこれに代えるといえども、まさに行うべし、今、鋳するところの銅銭、悪薄といえども、なお紙鈔《ししょう》に勝る、これ遂行すべし国家が造る貨幣、国家が発行する信用貨幣は瓦礫でも良い、と言い放ったというのである。このなかに出てくる「銅銭」とは、宝永五年閏《うるう》一〇月から京都銭座で鋳造した一〇文銭の大銭で、宝永通宝《つうほう》のことである。一文銭(寛永通宝)の三倍の重さ、つまり三文の価値しかないのに一〇文に通用させようとしたので「当十」とよばれた。まさに名目貨幣である。さすがに忌避され、発行した翌年の宝永六年正月一〇日に将軍綱吉の死去が公表されるや、わずか七日後の正月一七日に通用が停止された。生類憐《しょうるいあわ》れみの令の廃止が正月二〇日であるから、それより早く通用停止になった。いかに稀代の悪銭とみられていたのかがわかるだろう。

なお、新井白石によれば、この大銭発行の発案者は若年寄稲垣重富《いながきしげとみ》であり、荻原重秀すらこれは良くないことだと言っていたという(『折たく柴の記』岩波文庫)。

†財政危機と打開策

貨幣の品位を落とす貨幣改鋳により財政収入を増やす、という政策が実施された背景には、財政赤字を出すなど幕府財政運営そのものが厳しくなってきた現実がある。徳川綱吉が五代将軍になる頃の延宝《えんぽう》八年(一六八〇)、老中のなかに財政を担当する勝手掛《かってがかり》(勝手方）をおき、さらに、代官を粛清・更迭し、幕府領からの年貢を増やすことにより財政収入を増やそうとする政策もとられたが、それだけでは綱吉の時代の膨れあがる財政支出を賄うことができなくなった。

幕府財政赤字の解決策としては、膨れあがった作事方と納戸方の支出削減を中心とした財政緊縮策もあり得た。しかし、元禄八年の幕府は財政緊縮策を採用せず、荻原重秀が発案した貨幣改鋳による増収策、積極財政策を採用した。

財政はいったん好転したらしい。しかし、元禄地震による災害復旧費用、京都大火により焼失した御所などの造営費用、将軍綱吉の死去にともなう葬送儀礼や廟所《びょうしょ》の造営経費、新将軍の就任にともなう代替わり儀礼経費などなど、臨時的な支出が増大してしまった。それらの臨時的経費をいかに捻出するのかが課題となり、その解決策としてふたたび新たな貨幣改鋳策に頼った。この困難な財政運営を中心になって担ったのも、荻原重秀だった。

以下は、新井白石の自叙伝『折たく柴の記』に記された白石の証言である。元禄時代の財政を担当していた老中は、小田原藩主の大久保《おおくぼ》忠朝《ただとも》だった。忠朝は、延宝五年（一六七七）から元禄一一年（一六九八）まで、二〇年以上もの長期にわたって老中を務めた大名である。しかし、実際の財政運営は荻原重秀一人に任せていて、重秀は側用人柳沢吉保《よしやす》と若年寄稲垣重富《いながきしげとみ》に相談しながら政策を進めたという。そのため、財政担当の老中だった忠朝は詳細がわからず、まして忠朝以外の老中たちは、幕府財政にまったく関与していなかったらしい。

また、宝永六年の将軍代替わりの時、重秀が財政状況を老中らに説明した。重秀は、この年の幕府財政は一七〇万〜一八〇万両も不足すると語った。幕府財政収入の内訳は、幕府領四〇〇万石からの年貢収入と長崎運上《うんじょう》（長崎会所からの上納金で貿易利益金）金六万両、酒運上（酒造税）金六〇〇〇両を含めて金七六、七万両である。ここから旗本らに支給する俸禄など金三〇万両を引いて金四六、七万両ほど残るが、昨年（宝永五年）の財政支出は一四〇万両、本年はさらに京都御所造営などに金七、八〇万両が必要なので、財政収入不足は金一七〇万〜一八〇万両にのぼるという。これに、綱吉の葬送関係費用、新将軍家宣の代替わり儀式のための多額の経費が加わる。ところが現在、幕府の金蔵には三七万両しかない。重秀は、この巨額の財政不足をどうするのか、と老中らに問いかけた。

†重秀なくして財政運営できない

これを聞いた老中の大久保忠増《ただます》らは、ただただびっくり仰天して動揺し、重秀にどうしたらよいかと尋ねた。重秀はこの切迫した事態を打開するには貨幣改鋳しか策はない、と回答した。ここで大久保は、数年来（大久保忠増の老中就任は宝永二年のこと）老中として財政に関わってきたが、幕府財政がこのような状況にあるとはよく知らなかった、初めて聞くようなことばかりだ、事ここに至ってはなす術がないので、重秀の提案に従うべきだ、と主張したという。新井白石らが猛反対したにもかかわらず、すでに説明したように宝永七年と正徳元年から銀貨の改鋳が行われた。

幕府が正徳四年五月、銀座役人に遠島《えんとう》（島流し）などの厳罰を下したときの罪状申渡によると、銀座役人は、荻原重秀と勘定組頭保木《ほき》公遠《きんとお》らの「内々の証状」により銀貨の改鋳を行ったことを咎められた。つまり、荻原重秀は、老中らに断りなく内緒で銀座に命じて銀貨の改鋳を行わせた、というのである。おそらく、老中らが知らない筈はないと思われ、荻原重秀に財政運営を頼り切っていたので黙認したのだろう。

ここにみることができるのは、長く老中を務めた幕府財政の責任者でも、老中らは幕府財政の現状や運営をほとんど知らず、勘定奉行の荻原重秀ひとりに任せてきたという実情である。結局は、荻原重秀なくして幕府財政は運営できない、と老中に言わせる事態を招いたのである。幕府は、重秀の貨幣改鋳策により、御所造営、将軍代替わり儀式などなど当面の重要課題を切り抜けることができた。重秀が宝永七年、新将軍家宣から五〇〇石もの加増をうけたのも、その功績に対する褒美だった。

しかし、真偽のほどはつまびらかにできないが、新井白石によると、荻原重秀が宝永七年からの銀貨の改鋳で不当に手にした金は二六万両にものぼり、重秀の家来の長井半六も金六万両を得た。そのことは、銀座役人を処罰したさいに押収した帳簿に詳細に記されていたという。銀貨でそれほどの巨額の利益を得たのだから、金貨の改鋳でもどれほど後ろぐらい利益を得たのだろうか、とも白石はいう。

いずれにしても、元禄時代から正徳二年頃は、老中や若年寄が責任を持ち、勘定所・勘定奉行が幕府財政運営の実務を組織的に遂行する、という仕組みではなかったらしい。大名でありお殿様の老中らは、細かな会計事務やそろばん勘定には疎く、複雑な幕府財政の実態やその運営をよくわからなかったのだろう。それ故、老中のなかの一部の人は財政運営や貨幣改鋳への疑問やためらいを抱きつつも、勘定所に、しかも奉行の荻原重秀に任せきりにしたらしい。重秀は自己の裁量で、また才覚を発揮して巨額の財政赤字を貨幣改鋳により補塡しながら幕府財政を切り盛りしていた。勘定所自体も、役所として組織的に機能していたというより、奉行荻原重秀の個人的な力量に依存していたということだろう。

もちろん幕府も、手をこまねいていたわけではなく、財政運営を改善するため、天和二年（一六八二）六月に勘定吟味役という役職を新設し、勘定所の会計処理と奉行以下の監督（「吟味」）にあたらせた。いちじ廃止されたが、正徳二年（一七一二）七月に復活させた。この復活は、荻原重秀の罷免と密接に関係していた。また、元禄一一年に、若年寄にも財政を担当する勝手方をおいて、監督を強化した。

これらの措置を経て、享保六年（一七二一）に勘定所内部を財政・民政を担当する勝手方と、裁判を担当する公事方《くじがた》とに分け、翌年、勘定奉行と勘定吟味役も担当を勝手方と公事方に分けた。この仕組みが幕末まで続いたので、江戸時代の勘定所と勘定奉行の制度が確立したといえる。

✝荻原重秀の強力な権限

現代も同じであるが、江戸時代でも権勢、権限の強い役人や政治家へは、幕府御用の請負や何らかの特権（利権）を得たい人びとが、口利《くちき》きを頼み込むことがありふれていた。その数が多いほど、その役人・政治家の権勢や権限の強さの指標となる。荻原重秀の権勢は幕府財政の運営にとどまらず、それ以外の面でも発揮されていた。

村和明氏の研究（「三井の武家貸と幕府権力」牧原成征編『近世の権力と商人』山川出版社、二〇一五年）によると、江戸時代における三井家の事業の柱は、呉服業（越後屋）と両替業（三井組）である。呉服業では、貞享四年（一六八七）に払方《はらいかた》御納戸、元禄二年（一六八九）に元方《もとかた》御納戸に呉服を納入する幕府御用を命じられた。つまり越後屋は、将軍らが着用する呉服を幕府に納入する御用商人になったのである。御納戸は納戸方という役職名で、将軍の金銀・装束・調度品の出納、大名や旗本からの献上品や将軍からの下賜《かし》品の管理にあたった。これを口利きしたのが、延宝八年に将軍綱吉の最初の側用人になって権勢をふるい、五万三〇〇〇石の大名にまで出世した牧野成貞《まきのなりさだ》だった。両替業では元禄一二年、大坂御金蔵金銀為替御用《かわせごよう》を命じられたことが金融事業発展の基盤になった。三井家が、この幕府の為替御用を請け負えるよう口利きしたのが、勘定奉行の荻原重秀だったという。

宝永四年（一七〇七）に、幕府の為替御用の請負を望んだ両替商の菱屋《ひしや》は、牧野以上に権勢をふるった側用人柳沢吉保《やなぎさわよしやす》に猛運動したらしい。三井家の地位を脅かしかねない〈菱屋—柳沢吉保〉の動きを察知した三井家では、柳沢への反感が強かった。三井高治《たかはる》は、享保七年（一七二二）執筆の「商売記」のなかで、生類憐れみの令により庶民が苦しんだのは柳沢の所為《せい》であり、賄賂を贈った大名・旗本らは幕府に厚遇され、賄賂を贈らない大名・旗

柳沢吉保（一蓮寺蔵）

本はどれほど清廉潔白に務めても立身出世しない実情を非難し、将軍徳川家宣が、養父である前将軍綱吉への親孝行ということで容赦したため、柳沢は「滅亡」しなかったのだと世間の人びとまでが噂していたと書いている。

幕府の御用請負商人がすでにいるにも拘わらず、強引に運動して御用を請け負おうとする商人がいて、それに口利きして後押しする役人・政治家がいたらしい。正徳二年（一七一二）に幕府が出した御触書（『御触書寛保集成』一〇二二号）に、幕府御用の請負を望んで役人らに頼み込む者がいて、すでに御用請負の商人がいるにも拘わらず、頼み込んできた商人に御用を請け負わせることがある、以後、このようなことを厳禁する、と記されている。三井家も、〈菱屋―柳沢〉により御用請負を取り上げられる可能性があった。

三井家は牧野成貞・荻原重秀、菱屋は柳沢吉保、当代の幕府実力者に働きかけた。その口利きで幕府御用の請負を実現しようとした点では、三井家も菱屋も同類だった。ここには、荻原重秀の職務権限の強さと権勢を読みとることができる。

†米の公定価格訴願の後ろ盾は重秀か

権勢の強い者には、人びとの批判や反感がつきものである。重秀が勘定奉行在職中の噂を二つ紹介しよう。その二つとも、『元禄世間咄《ばなし》風聞集』（岩波文庫）に収められている。

同書の解説によると、とある話し好きの譜代大名のもとを訪れた、老中から上級旗本、さらには碁打《ごうち》・検校《けんぎょう》（盲人の自治的組織である当道座《とうどうざ》の最高位）やさまざまな芸人らが語った風聞を書き留めたものだという。

元禄一五年（一七〇二）の世間話として、つぎのような記事がある。町奉行松前伊豆守《まつまえいずのかみ》嘉広《よしひろ》のところへ、ある町人が訴状（訴願）を差し出した。内容は、米価を米一石＝金一両に公定し、たとえ凶作の年でも豊作の年でも公定値段を変えないように定めていただけるなら、相当な額の運上金《うんじょうきん》（営業税に相当）を幕府に差し上げますのでお認めいただきたい、というものだった。請願者は資産のある富裕者であり、しかも有力な武家の後押しもあるという。その有力な武家とは、実は荻原重秀のことであった。

町人は、江戸における米の売買を独占し、そこから利益を得ることを狙った。その町人は、米価を公定すると米の豊凶により損得はあるものの、均《なら》せば多額の利益を見込めると計算したのだろう。米価は変動するより一定のほうが、さまざま都合が良さそうに思える。しかし、松前嘉広はこの訴願を採用せず却下した。松前は、この提案は幕府のためではなく訴願者自身の利益のためなので、二度と願い出てはならないと申し渡した。ところがこの町人は、ふたたび出願してきた。松前嘉広は、「不届《ふとど》き千万《せんばん》なる者」と叱りつけ、訴願した四人の町人を縄で縛り、奉行所門前へ「一日晒《さら》し」（一日中、奉行所門前にさらし者にしてみせしめにする罰）にしたという。

松前は、幕府の御為といって実は自分の利益を追求している者が、家柄のよい武家、権勢のある武家のなかにもいると非難した。松前が、四人の町人をこれ見よがしに「一日晒し」にしたのは、この町人たちの後押しをしているのが勘定奉行の荻原重秀、と感づいたからだと噂された。

†塩運上の訴願の後ろ盾も重秀か

同じ年に、ある町人が町奉行松前嘉広のところへ、江戸で塩を食べる町人全員から運上金を取り立てれば幕府の利益になる、という塩運上の訴願をしてきた。この町人は、住民たちから税を集める権利を得ようとしたのである。町奉行松前は、幕府の利益になるかのように見えるが、下々の者が難儀するようなことをしては、幕府の利益にはならないと却下した。

松前嘉広が幕府評定所の寄合《よりあい》に出席していたとき、二度と出願するなと叱ったにもかかわらず、かの町人が評定所に塩運上を出願してきたという。松前は、「にくいやつめ」と言いつつ、そのような提案は幕府の御為ではなく、訴願者自身の利益のためにすぎないと断言し、願わくば柱が二本欲しい、と言ったという。同席していた勘定奉行の荻原重秀

(評定所構成員の一人)が、二本の柱云々を訝《いぶか》しく思って何に使うのかと松前に尋ねると、一本は「訴訟人を磔《はりつけ》にかけ」、もう一本は「我らのように訴訟人の申す所を叶え申さざる者を磔にかけ」るためだ、と答えた。一本は訴訟人を、いま一本は松前嘉広を磔にするために使うというのである。なぜ松前嘉広がそのようなことを言ったのかというと、荻原重秀がこの塩運上請願者の後押しをしていたので、それへの当てつけのためだと噂された。

この二つの世間話は、町奉行松前嘉広が、気にくわない権勢者の勘定奉行荻原重秀に当てつけをしたという噂話である。それが、ある譜代大名の殿様に面白い世間話だとして語られ筆録されているのは、荻原重秀のことを快く思わない、反感を抱く多くの人びとが存在したことを伝えている。幕府財政運営に辣腕を振るい、その権勢に任せて幕府の御用請負や各種特権への口利き、後押しをする荻原重秀への批判や反感は、大名以下人びとの間で相当強かったものと思われる。

†新井白石の重秀批判の真相

重秀に対する白石の批判が凄まじかったことは、よく知られている。白石は、再三にわたり貨幣改鋳の停止を将軍家宣に求めた(以下、新井白石『折たく柴の記』岩波文庫)。また白石は、「天地開闢《ひら》けしより此《この》かたこれら姦邪《かんじゃ》の小人《しょうじん》、いまだ聞も及ばず」と、この世が始まってから現在まで、重秀のような不正を働く小人を聞いたこともない、とまで激しく非難し排除を求めた。しかし、重秀が罷免されたのは、将軍家宣の亡くなる（正徳二年一〇月一四日とされる）直前の正徳二年九月一一日のことだった。未曾有の財政危機を迎え、それを貨幣改鋳によるとはいえその都度切り抜けさせた重秀の手腕のほどを考えると、重秀を罷免することに将軍家宣と幕閣は躊躇《ちゅうちょ》したのだろう。

白石は何故ここまで激しく重秀を非難したのか。それは、財政危機への対応策とはいえ、貨幣の品位を落とす改鋳策だからというのが大きい。さらに、これは重秀に限られるわけではないが、幕府が行う土木工事や御殿などの作事工事のたびに、幕府役人が業者から多額の賄賂《わいろ》を手にする不正行為の蔓延があげられる。将軍代替わりごとに出されるもっとも重要な基本法は武家諸法度《ぶけしょはっと》で、宝永七年四月に将軍家宣が出した武家諸法度は白石の起草になり、そこには賄賂の禁止が盛りこまれていた。白石は、賄賂によって正道《せいどう》がそこなわれ、それにより政治が腐敗することに強い警戒心をもっていた。

白石は、江戸幕府の現状について強い危機感を抱いていた。白石は、しばしば「国財すでにつきはて」（二六四頁）「前代に国財の竭尽給《つきつくしたま》ひしは」（二六七頁）「国財すでに竭尽し」（二七一頁）などと表現し、国家の財は五代将軍綱吉の時代に尽き果てたという認識をもっていた。室町幕府八代将軍足利義政《あしかがよしまさ》から始まり、現在にまで及ぶ国家を損なう害とは何か。それは、御殿や寺社の造営、庭園の築造、珍品奇物の収集と好事《こうず》などの「驕奢《きょうしゃ》」（ぜいたく）のために巨額の金を費やすことで、その結果、「天下の財すでに尽きはて」た状態だという。足利義政がぜいたくを好んで国家の財を費やし士風を廃《すた》れさせた害が、二百数十年後の現在にまで及んでいる、というのである。

これは、幕府財政を破綻させた綱吉とその時代の風潮を、義政とその時代をかりて批判しているのである。徳川家康が天命をうけ、その子孫が代々将軍職について天下を統治してきたが、綱吉のような政治が続くならば天命が革《あらた》まる、つまり革命がおこり、江戸幕府が天から見放されることを白石は危惧した。

綱吉の元禄時代は、寺社や御殿の造営、奢《しゃ》侈《し》により財政赤字を生みだし、その財政赤字を貨幣の品位を悪くする貨幣改鋳による益金で補塡した。また諸役人は、賄賂をとる不正行為を働く。そして、財政赤字をたれ流す幕

新井白石（写本、早稲田大学図書館蔵）

府政治を支えた張本人が荻原重秀、と白石はみたのである。白石の激しい重秀批判は、たんに経済財政政策にとどまるものではなく、白石の日本歴史の認識にもとづく江戸幕府の現状への強い危機感だった（新井白石『読史余論』現代語訳、講談社学術文庫、拙稿「解説」）。

†元禄貨幣改鋳政策の意義――緊縮派対積極派

幕府財政が危機（困難）に陥ったさい、江戸幕府がとる政策対応として、品位を落とした貨幣を鋳造して利益をあげることを目的にした貨幣改鋳策が初めて採用されたことに、元禄貨幣改鋳は江戸時代の歴史のなかで最大の意義がある。

江戸幕府は貨幣鋳造権を独占していた、としばしばいわれる。それは、江戸幕府が鋳造した金貨・銀貨・銭貨の三貨が全国的に通用し、基軸通貨としての地位にあったことをさす。このほかに藩札《はんさつ》・私札があるが、特定領域内で地域通貨として通用が認められていたにすぎない。勘定奉行は、この幕府鋳造の基軸貨幣を操作することにより財政収入を増やし、幕府財政を運営することを「発見」したのである。

財政赤字に陥った現代の政府が赤字国債を発行して財政運営するのに対して、財政赤字に陥った江戸幕府は貨幣改鋳により財政運営した、ということになる。

財政緊縮による財政運営か貨幣改鋳による財政運営かの選択をめぐり、幕府内部に財政緊縮派と積極財政派との対立がうまれた。元禄の貨幣改鋳は元禄八年（一六九五）に始まり、正徳四年（一七一四）五月、慶長金銀の品位に戻す正徳金銀の鋳造開始により終わった。この正徳金銀への改鋳は享保初年（一七一六）から本格化し、ふたたび良質な貨幣に戻った。だが、流通する貨幣の量が減少したため、元禄期のインフレがデフレ状況に転換し、享保の改革の緊縮政策と相まって長い不景気の時代が始まった。

この後から幕府崩壊に至るまでの幕府財政運営をめぐる政策選択の原型が、元禄期に現れた。大雑把にみると、一八世紀初頭の正徳末年・享保初年から一九世紀初めの文化年間（一八〇四〜一八）までの約一〇〇年間は、緊縮財政を基本として、新田開発や年貢徴収法の工夫による年貢収入増加、さらにさまざまな経済政策を打ち出すことにより年貢外収入の増収を図る路線が続き、それ以降幕府崩壊までは、再び貨幣改鋳による財政運営が行われたと展望できる。

つまり、元禄八年から正徳四年までの約二〇年、文政元年（一八一八）から慶応《けいおう》三年（一八六七）までの約五〇年間が貨幣改鋳に依存した財政運営だった。幕府の財政政策としては、貨幣の品位を次から次へと落とすことにより財政収入を増やすという、安易といえば安易な政策だったといえる。享保期から文化期までの約一〇〇年間の勘定奉行・勘定所は、さまざまな農政や経済政策を編み出して財政収入の増加を図った。それは増税路線であり、しわ寄せをうける百姓・町人たちの激しい反発と抵抗にあったことは言うまでもない。しかし、そこは勘定奉行と勘定所の腕の見せ所とも言え、個性的な奉行たちが登場する。歴史研究としては、後者の方が面白い。

第四章

行財政改革の取組み——享保期勘定所機構の充実と年貢増徴

1　財政危機と勘定所機構改革

†俸禄支給も困難

将軍徳川吉宗が将軍職についた享保元年（一七一六）頃の幕府財政は、困難を極めた。それは、幕臣への俸禄すら支給できなくなるほどの財政危機におちいっていた。現代風にいえば、給料の遅配・欠配の恐れさえある状態だった。幕府は、吉宗のもとで享保の改革を断行し、財政再建を最大の課題として幕政改革をすすめた。財政再建策の柱になったのは、①徹底した倹約により財政支出を削減する緊縮策、②財政収入を増やすため新田開発による耕地の拡大と、年貢徴収法を工夫して年貢収納を増やす策、であった。江戸時代の幕府や諸藩が財政危機に直面したさい、手っ取り早くかつ効果的な対策は、倹約と人件費削減により支出を減らす緊縮策だった。後の幕府の寛政の改革、天保の改革でも、また諸藩の藩政改革でもまず倹約に取り組んだのは、そのような理由からだった。いつも同じことをやっている、と思われ軽く見られがちだが、実はもっとも即効性のある対策だったからである。現代でも、経営困難に陥った企業や自治体などをみればうなずけるだろう。

だが、財政緊縮政策は深刻な不景気を引きおこした。財政支出の抑制、贅沢や華美の取締り、物価引下げ令などの政策に米価の急落が加わり、享保期はひどい不況になった。その不況の深刻さは、大両替商で大呉服商である三井家（越後屋）すら、経営上の困難を迎えるほどのものだった（『史料が語る三井家のあゆみ』公益財団法人三井文庫発行、吉川弘文館発売、二〇一五年）。

倹約だけではとても追いつかず、幕臣への俸禄米すら支給が難しく、幕臣数百人に「御《お》暇《いとま》」、すなわち解雇せざるをえない事態にまで追い込まれていた。そこで吉宗は、享保七年（一七二二）に上米《あげまい》令を出し、享保一五年に廃止するまで、諸大名に一万石につき一〇〇石の割合で米を毎年上納させた。この前例のない命令書には、「御恥辱も顧《かえり》みられず仰せ出され」と書かれていた（『御触書寛保集成』一七〇九号）。つまり、将軍が恥を忍んで諸大名に援助を頼むという、せっぱ詰まった急場しのぎの策だった。大名には、その見返りとして参勤交代で江戸にいる期間を半分に短縮した。一年間江戸にいるところを半年に減らしたのである。参勤交代は、幕府によるもっとも基本的な大名統制策であり、大名統制の根幹を緩める措置だったためとかくの批判があった。

徳川吉宗（徳川記念財団蔵）

一時しのぎではなく、勘定所の機構を改革し、職員も大幅に増加させて拡充し、それにより財政収入を増やすための幕府領支配の強化と、組織的な財政運営の実現をめざした。幕府は享保の改革において、幕府財政再建のため強力な行財政改革に取り組んだ。

†職務再編と職員増加

勘定所は、幕府財政を運営し、幕府領を支配し、そして裁判も担当する役所として、享保の改革のなかで抜本的に整備拡充され、幕府の機構のなかでもっとも重要な役所になっていった。その要因は、財政問題が幕政のもっとも緊要な政治課題になったからである。

幕府は享保六年（一七二一）、勘定所の職務分掌を再編し、勘定奉行を財政や幕領支配（財政と農政）を担当する勝手方と、裁判を担当する公事方とに分けて専念させ、業務の効率化を図った。ついで翌年、勝手方の業務を扱う勘定奉行の直接の上司にあたる勝手掛《がかり》老中をおいて責任者とし、老中のなかでも重職と位置づけ勝手方重視の姿勢を示した。さらに享保八年、それまで幕府領支配を関東と上方とに分けていたのを一元的に管理する体制へ転換した。それまで幕府領の年貢収入が「関東分」と「上方分」とに分けられて集計・管理されていたものも、幕府領からの年貢としてまとめられた。これにより、勝手掛老中―勝手方勘定奉行による一元的な幕領支配と年貢収入を基盤とする財政運営の実現を図った。

享保の改革により、勘定所の職員数は四〇パーセントも増えた。職制のなかで中心的な役割を果たした勘定は定員が一三〇名を超え、その配下で実務にあたった支配勘定も一〇〇名近くが在職した。一八世紀後半には、さらに支配勘定見習、勘定出役、支配勘定出役なども新設され、職員はますます増員された。なお、享保九年（一七二四）には、大河川の治水工事の施工や監督を行う普請役《ふしんやく》が新設され、勘定所はさらに肥大化していった。

†権限の拡大で重要政策官庁へ

職員数の増加は、職務の増加と権限の強化を反映している。すでに説明したように、五街道など主要街道と宿駅の維持・管理、陸上交通を支えた助郷制度などを担当したのは、道中奉行である。道中奉行は、もともと大目付と勘定奉行の各一名が兼務する体制だったが、配下に多数の職員を抱えた勘定奉行が、その実務を担当するようになった。

司法の分野でも、勘定所の進出が著しかった。最高裁判所ともいうべき評定所では勘定所の職員が出向して裁判実務を担当していた。また、全国の寺社と寺社領を管理し、関八州以外の私領住民と江戸住民との訴訟を受理した寺社奉行所も、勘定所から役人が出向し実務にあたった。このように勘定所は、幕府司法の主要な担い手になったのである。

一七世紀末から、大河川流域の洪水が頻発したため、その復旧や改修のための工事がさかんに行われ、勘定所が、現地調査、工事計画の立案と施工などの実務を担当した。享保の改革以降、治水工事に国役《くにやく》普請制度が導入され、勘定所にはそれらに対応するため普請役が新設された。なお、普請役は当初、普請工事の担当者、技術者として設けられたが、後には最上徳内《もがみとくない》や間宮林蔵《まみやりんぞう》などのように民間から普請役に登用され、蝦夷地の調査など極めて困難な、探検ともいうべき職務に従事する者も出ている。荒廃した農村の再興に尽力した二宮尊徳《にのみやそんとく》もいる。この普請役は、民間で特殊な分野に優れた知識や経験を持つ者を幕臣に登用する回路のひとつとして機能していた。

貿易の分野にも進出している。後述するように、長崎における中国・オランダとの貿易（長崎貿易）業務を担っていた長崎会所の改革は、勘定奉行が長崎奉行を兼任するやり方で断行された。勘定奉行松浦信正《まつらのぶまさ》は、延享元年（一七四四）から宝暦二年（一七五二）までの八年間、石谷清昌《いしがやきよまさ》は、宝暦一二年から明和《めいわ》七年（一七七〇）までの八年間、長崎奉行を兼務し、直接長崎に乗り込んで長崎会所の大改革を行い、勘定所の管理下においた。その後も支配勘定が交代で長崎に出役し、管理・監督を続けた。また、全国から粗銅《あらどう》を独占的に買い付けて大坂の銅吹屋《ふきや》に精錬させ、貿易用の棹銅《さおどう》として長崎に送っていた大坂銅座には、支配勘定や普請役が銅座掛として出役し管理していた。狂歌師や戯作者として有名な大田南畝《おおたなんぽ》（直次郎・蜀山人《しょくさんじん》）が、支配勘定として長崎と大坂に出張したのはこの業務のためだった。貿易の維持・管理の面でも、勘定所が大きな権限を持つようになった。

上方に職員を派遣して現地視察し、現地役所の業務改善を促したり、朝廷に職員を派遣してその財政を管理・監督したりもした。遠国各地の奉行所や幕府役所・施設に職員を派遣して、財政収入を増やし、支出を減らすための改革や監督を強化したのである。

勘定所はとくに一八世紀以降、財政問題が幕政の中心課題になるとともに、さまざまな財政・経済政策を立案して実行する政策官庁になっていった。

田沼時代の政治と社会をきびしく批判した小普請の植崎《うえざき》九八郎《くはちろう》は、「お勝手向きご入用に懸《か》かり候者をば世上一統尊く心得」（「植崎九八郎上書」『日本経済大典20』）と、幕府財政に関わる勘定所の役人が偉い、と見る社会の風潮が生まれたと書く。田沼時代には、軍事すなわち「武」を担う武士が尊ばれた社会から、「そろばん勘定」する武士が尊ばれる社会に変わったのである。

勘定所は、組織を肥大化させ、その権限を拡大・強化させた結果、幕府の機構のなかでもっとも重要な役所になっていった。その結果、そこに働く職員たちも世間からは尊い人、地位の高い人とみられるようになったのである。

2　年貢増徴と神尾春央

†神尾春央の履歴

神尾《かんお》春央《はるひで》は、元文《げんぶん》二年（一七三七）から宝暦三年（一七五三）まで約一七年間、亡くなるまで勘定奉行を務めた。春央は、知行五〇〇石の旗本下嶋為政《しもじまためまさ》の第二子として生まれ、後に旗本神尾家に養子に入った。下嶋家は、代々が勘定から勘定組頭に進む、勘定方職員の家筋の旗本家で、養子先の神尾家は、先祖が賄頭《まかないがしら》、納戸番《なんどばん》、大番などを務めた俸禄二〇〇俵の旗本家であった。春央は、腰物方から始まり桐間番士、細工頭、賄頭を経て納戸頭になり、俸禄二〇〇俵を加増された（合計四〇〇俵。知行四〇〇石に相当する）。元文元年（一七三六）に勘定吟味役に抜擢されて勘定所の役人になり、早くも翌年に勘定奉行に昇進した。そのさい、知行一〇〇石を加増されて都合五〇〇石の知行取りとなり、従五位下若狭守《わかさのかみ》に叙任《じょにん》された。その後、延享《えんきょう》元年（一七四四）に五〇〇石、宝暦二年（一七五二）にも五〇〇石加増され、最終的には知行一五〇〇石の旗本に出世した。勘定奉行として、赫々《かくかく》たる業績を評価されたのだろう。

俸禄二〇〇俵から知行一五〇〇石取りにまで目覚ましい出世をしたからであろうか、春央の出自についてはつぎのような風評があった。京都町奉行所与力を務めた神沢杜口《かんざわとこう》の随筆『翁草』（『日本随筆大成』第三期所収）に書き留められている噂によると、もとは代官伊奈《いな》半左衛門《はんざえもん》の支配地だった伊豆国三島（静岡県三島市）辺りの百姓だったが、隣村との訴訟のさい伊奈代官の不当な裁きにより敗訴になったのを怨み、いつか伊奈の上に立つ役人になってこの判決を覆してみせる、と発奮して御家人株を買い、さまざま工作して勘定となり、累進して勘定奉行になってさきの裁判の判決を覆し、さらに代官伊奈の支配地を減らす意趣返しをしたという。神沢杜口も嘘か真か知らないというが、『寛政重修諸家譜』の記事とあまりに違っているので、異例の出世を遂げた人物にありがちな噂話だろう。

†年貢増徴に邁進

神尾春央が勘定奉行に在職していたのは、享保の改革の後半期にあたっていた。松平乗《のり》邑《さと》（下総佐倉《しもうささくら》六万石の藩主）が勝手掛老中として、幕府の財政と農政の改革にあたり、春央はこの乗邑に見出されてそのもとで活躍した役人である。

幕府領の年貢率の推移をみると、享保の改革が始まって一〇年間（一七一六〜二五年）の平均が三三・八八パーセント、つぎの一〇年間（一七二六〜三五年）の平均が三三・〇二パーセント、享保の改革末期の一〇年間（一七三六〜四五）の平均が三四・三八パーセントである。享保の改革の期間は、あまり年貢率は増えていない。

ところが、将軍が九代徳川家重《いえしげ》に代わってからの一〇年間（一七四六〜五五年）の平均が三七・六四パーセントになり、その後の一〇年間もほぼ同じ数字で推移している。年貢率は、享保の改革の末期に増加し始め、一七五〇年代から六〇年代にかけて、一八世紀以降では幕府領年貢率のピークを迎えた。この年貢率の増加は、享保の改革で行われた年貢徴収法の改革が実を結んだ成果だった。

その年貢徴収法の改革とは、一つは定免法《じょうめんほう》、いま一つは有毛検見法《ありげけみほう》の全面的導入であった。神尾春央は、とくに後者を推進した勘定奉行だった。定免法とは、過去数年間の年貢量の平均を基準に年貢率を決めて三年または五年間その数字を固定し、ひどい不作の年以外は年貢を減免しない年貢徴収法だった。また、年貢率の固定期間（定免年季《ねんき》とよぶ）を過ぎると（年季明《あ》けとよぶ）、少しずつ年貢率の引上げが行われ、安定的な年貢量の確保と定期的な引上げをもたらした。

†有毛検見法

有毛検見法とは、田畑の上・中・下という等級と無関係に、現実の収穫量を基準にして年貢量を決める方法である。たとえばそれ以前は、上田《じょうでん》一反歩《たんぶ》で石盛《こくもり》（一反あたりの標準収穫量）一石五斗《と》の場合、これに年貢率五〇パーセントをかけると年貢は七斗五升《しょう》となる。下畑一反歩で石盛五斗の場合、年貢率五〇パーセントをかけると年貢は二斗五升になる。

有毛検見法を導入すると、下畑一反の現実の収穫量を調べて（検見《けみ》をする）一石とされると、これに年貢率五〇パーセントをかけ年貢は五斗になる。年貢率を引き上げるのではなく、田畑の現実の収穫量を再調査して、その数値に対して年貢を賦課する方法であった。

幕府は、享保の改革で部分的にこの年貢徴収法を導入していたが、幕府領全域に導入されたのは、寛延《かんえん》二年（一七四九）からと言われる。

畿内《きない》（近畿地方）と中国筋では、延享元年（一七四四）から、この有毛検見法が施行された。それを実施したのが神尾春央だった。神尾は延享元年、みずから畿内・中国地方の幕府領を巡り、摂津《せっつ》・河内《かわち》の大和川《やまとがわ》筋で開発された新田を検地するとともに、新たな年貢徴収法を実施していった。

畿内と中国筋は、一七世紀後半から綿や菜種などの商品作物の栽培が発展し、畑のみならず田を畑に変えてまで栽培することが広く行われるようになっていた。その結果、石盛の低い（年貢量も少ない）畑や田に綿や菜種をつくることにより、多額の収入を農民にもたらしていた。その結果、田畑の等級に応じた石盛を基準にしたそれまでの年貢徴収方法は、耕地の等級や栽培の実態に合わなくなっていた。生産者農民が手にしている富をいかにして年貢に取り込むか、神尾春央の才覚が問われた局面である。

†胡麻の油と百姓

田に米以外の綿や菜種などを栽培するのには制限があり、それでも栽培するならば高率の年貢を賦課するというのが幕府のやり方であったが、田への綿栽培などを解禁する代わりに、重い年貢を賦課することにした（本城正徳『近世幕府農政史の研究』大阪大学出版会、二〇一二年）。そのうえで、それまでの田畑の等級や石盛をご破算にして、現実の収穫量（実際には、生産物である綿や菜種などを販売して生産者が懐にする金額）に応じて年貢を賦課する方式、つまり有毛検見法を施行することにしたのである。これは、幕府に多大な年貢増収をもたらし、これ以後、各地の幕府領で採用され、幕府領年貢率のピークを迎える結果になった。おそらくそれは、神尾春央の最大の功績だった。延享元年に五〇〇石、さらに八年後の宝暦二年（一七五二）に五〇〇石加増されたのは、将軍吉宗ついで家重が、神尾春央の功績に報いた措置である。

神尾春央の年貢増徴は、かなり強引で強圧的な手法だった。まず、抵抗する者は五〇〇〇人でも七〇〇〇人でも死罪以下の処罰を加えるぞ、と脅した。ついで、「法は人よりも重い」と公言し、「胡麻の油と百姓は絞れば絞るほど出るもの」と言い放ったという（本《ほん》多利明《だとしあき》『西域物語《せいいきものがたり》』日本思想大系44）。これは、神尾の年貢増徴策を象徴するような発言である。徳川家康の側近として活躍した本多正信《まさのぶ》に仮託して書かれた教訓書『本佐録《ほんさろく》』（日本思想大系28）にある、「百姓は財の余らぬ様に不足になき様に治める事道なり」が、江戸時代初期の百姓支配、そして年貢に対する幕藩領主たちの考え方をよく示したものとして有名である。かなり徹底した年貢の取立てを示すものの、百姓の生活の成立ちにも配慮している。しかし、神尾の「胡麻の油と百姓」は、あますところなく年貢を取り立てようとする過酷なものだった。

†天皇に直訴する百姓

当然のことながら、畿内と中国筋の百姓たちから激しい反発をうけた。とくに畿内の百姓らは、神尾による年貢増徴と新田開発地の検地の撤回を迫り、上京して天皇や公家に訴願しようとした。その事件は、公家（当時左中将）の徳大寺《とくだいじ》公城《きんむら》の日記（「公城卿記《きょうき》」東京大学史料編纂所蔵）にも記されている。延享二年四月一五日に、河内国の二四か村から一万三〇〇〇人もの百姓が京都に出てきて、天皇へ訴願すると主張し、左大臣、右大臣にも訴えるためその屋敷へ向かった、と書かれている。

また、同年七月一八日にも、河内国の百姓が京都へ出てきた。徳大寺公城の日記には、神尾は諸国を巡回して過重な年貢を賦課して将軍の贔屓《ひいき》をうけ、江戸へ帰ると五〇〇石加増された、諸国では、合計で六万石もの年貢増徴になった、百姓らは、京都所司代、京都町奉行、京都代官、さらには諸武家にこのことを訴えたが相手にされなかった、そこで武《ぶ》家伝奏《けてんそう》（幕府と朝廷との連絡・交渉にあたった公家）に愁願したがそれも駄目だったので、天皇に直接訴えにきたのだ、と記されている。百姓が幕府の措置の撤回を求めて天皇に訴願しようとした、前代未聞の事件を引き起こしたのである。

将軍徳川吉宗は、延享元年に神尾春央へ五〇〇石、延享二年三月に年貢増徴を主導した勝手掛老中松平乗邑に一万石を加増し、その功績に報いた。しかし、松平乗邑は、将軍吉宗が延享二年九月に退隠すると、同年一〇月に老中を罷免され、蟄居《ちっきょ》謹慎と加増分一万石没収という処罰をうけ、加増分はわずか七か月で取り上げられてしまった。強引な年貢増徴策が引き起こした京都の事件も、失脚の一因とされる。

3　米価低落と米将軍の戦い

†米価安の諸色高――江戸時代経済の転換

耕地面積は、新田開発により確実に拡大した。幕府領の総石高の推移をみてみると、一六五〇年代から六〇年代ころまでは、二八〇万石から二九〇万石程度だったが、一六八〇年代に急増して三八〇万石から三九〇万石にまで達し、享保の改革の直前に四〇〇万石になった。享保の改革中の一七三〇年代に四五〇万石になり、江戸時代を通じて幕府領石高のピークを迎えた。この増加の要因には、大坂の豪商鴻池《こうのいけ》家による一二〇〇町歩（約一二〇〇ヘクタール）もの越後《えちご》紫雲《しうんじ》寺潟《がた》新田（新潟県新発田市）や幕府の手による武蔵野新田の開発など、新田開発の成果によるところも大きい。また、神尾春央らの努力により年貢率は上昇し、一七五〇年代から六〇年代にかけて年貢率もピークに達した。

幕府の財政は、厳しい倹約策や上米令の効果もあって、享保七年から一六年までの一〇年間には毎年、米方の収支で三万五〇〇〇石、金方の収支で一二万七〇〇〇両の黒字となり、享保一五年（一七三〇）頃には、江戸城奥御金蔵に、新たに金一〇〇万両もの金が蓄えられたという（辻達也『徳川吉宗』人物叢書、吉川弘文館、一九五八年）。しかし、この享保期の中頃から厄介な経済問題が持ち上がってきた。それが、「米価安の諸色高《しょしきだか》」という問題だった。

耕地の増加と年貢率の上昇は、確実に年貢米の増加をもたらした。しかし、それがそのまま幕府の財政収入の増加に直結しなかった。その理由が、「米価安の諸色高」という現象だった。それは、米価が米以外の商品（諸色）とくらべて相対的に安いという事態を表す語句である。享保九年二月に諸物価の引下げを命じた触書（『御触書寛保集成』二一〇一号）のなかで、この事態について幕府はつぎのように書いている。

米穀の値段は去年から段々と下がっているが、それ以外の物の値段は高いままなので人びとが難儀している、酒・酢・醤油・味噌などは米穀を原料として造られる物なのだから、当然米穀の価格に比例するはずである、また、竹木・炭・薪・塩・油・織物など一切の売り買いされる物は、直接に米穀から造り出されるわけではないが、それを作る手間賃や職人などの賃金は飯米の値段をもとにして計算されているものだから、諸物の価格も米値段に準じて値下げして売るのが物の道理である。

米価は段々と下がっているのに、それ以外の諸物価は高いままなので人びとが困っている。米を原材料としている物は当然として、それ以外の諸物の価格は生産する職人の手間賃の高下によるが、その職人の手間賃は米穀の価格と連動して上下するものである、という認識に基づいて、米の価格が下がったのだからそれに比例して下がる（下げる）べきだという。米以外の諸物価が米価に連動して下がらなかった結果、米価の独歩安《どつぽやす》という事態になった。「米価安の諸色高」とは、このような事態をさしている。

米値段の動向

米の価格について、山崎隆三氏『近世物価史研究』（塙書房、一九八三年）と高槻泰郎氏『近世米市場の形成と展開』（名古屋大学出版会、二〇一二年）から概観してみよう。米価は、一七世紀を通じて上昇基調にあり、それに対して幕府は一貫して米価を引き下げようとする政策をとってきた。米価が上昇してきた原因は、人口、とくに江戸・大坂・京都の三都や各地の城下町などの都市が発展し、米を大量に消費する都市人口が増大したことにあるとされる。ちなみに一八世紀の初め頃、江戸は人口一一〇万人、大坂は三八万人といわれる大都市に発展していた。

米の価格の上昇は、年貢米を販売して収入とする武士層にとって有利なようにも思えるが、米価に連動して米以外の商品の価格も上昇することが問題だった。当時の武士たちは城下町に住む都市生活者であり、さまざまな生活用品を購入して暮らしていた。さらに、中間《ちゆうげん》や足軽《あしがる》などの武家奉公人を数多く雇い賃金を払っていた。さまざまな物品の価格や賃金の上昇は、武士の暮らしを困難にさせる。そこで幕府は、多量の米を消費する酒造を制限したり、米の買占めや売惜しみを禁止したり、さらには米市《こめいち》・米切手（大坂にある諸藩蔵屋敷《くらやしき》が発行した蔵米を引当にした切手）の禁止など、米価の上昇を抑えるための措置を講じてきた。

†米の独歩安

ところが、一七二〇年代すなわち享保中期、とくに享保七年（一七二二）から、大坂米市場では、当時の人びとが平均的な米価とみていた一石＝銀六〇匁《もんめ》（金一両）を下回ることが続き、米価は長期にわたり低落し始めた。享保一四年（一七二九）には、銀三〇匁（肥後米。大坂米市場の代表的銘柄）という安値をつけるほどにまで急落した。米の価格に連動してそれ以外の商品の価格も下がればそれほど問題はなかったが、「米価安の諸色高」という領主層にとってはとんでもない事態がうまれていた。

正徳四年（一七一四）を一〇〇とした元文元年（一七三六）の物価指数は、米が二七に対して、木綿、絹、炭、蠟、煙草、油かすなど二二品目が五三という。つまり、米価は米以外の物価に対して相対的に半分の水準にまで下落した。また、大工職人の手間賃や日用の賃金も。米価の下落に従った低落をしなかったという（前掲山崎隆三著）。まさに、異常事態と言えそうな米の独歩安である。これこそが、享保中期以降の勘定所が直面した「米価安の諸色高」の深刻な実態だった。

先に紹介した享保九年の触書では、米価に比例して諸物価が下がらない原因は、商人たちが不当な利益をねらって価格をつりあげているからだと非難し、処罰をちらつかせて権力的に物価を引き下げようとした。しかし、米以外の商品価格や賃金の水準は、米の値段に連動することなく、自律的に形成されるようになっていた。すなわち、商人の不当な利益追求を権力的に取り締まればなんとかなる、というようなものではなくなっていた。だから、このような触書を出しても効果はなかった。この事態は、まさに江戸時代経済の大変動によるものだったからである。

†米価安の原因

米の値段が低落した理由は何か。幕府が財政収入を増やすため、新田開発を奨励して米の増産をはかり、年貢増徴により米年貢の増加に努めた政策の結果という面もある。大坂の米仲買たちは享保一七年四月、幕府から米価低落の原因について問われて答えた文書のなかで、近年大坂米市場の米が多いのは、財政の苦しくなった諸藩が、米価の安いときでもやむなく大坂へ年貢米を運んで急いで売却しようとするからだ、と分析している。つまり、諸藩の大坂廻米が増加し、米の在庫量が増大したのが原因だというのである。いずれにしても、幕府と藩の財政難が原因の一つといえる。

もっとも根本的な理由は、一七世紀後半から一八世紀前半にかけて農業生産力が上昇して米の生産量が増大し、米市場への供給量が増加したことにあるといわれている。さらに享保期は、享保一七年（一七三二）の西日本一帯における蝗《こう》（いなご）害《がい》による大凶作の年を除いて、豊作が続いたことなどがあげられる。大坂の商人草間直方《くさまなおかた》（鴻池屋伊助《いすけ》）は、文化一二年（一八一五）に書いた『三貨図彙《さんかずい》』（貨幣の目方や流通、さらに米価や諸物価を詳述したもの。日本経済大典39・40）のなかで、「享保一三、四年ノ頃ハ、別シテ諸国米穀充満シ、又米価下落シ」と記し、米が諸国に充満し米価が下落したと説明している。このような米の需給の関係、供給過剰の状態により米価が低落したのである（前掲山崎隆三著）。この事態はこののち一八世紀を通じて続いたため、幕府にとって、米価を引き上げ諸物価を引き下げることが重要な政治課題であり続けた。

「米価安の諸色高」は、幕府や大名の財政、個別の武士の家計にとって大問題だった。だから、徳川吉宗は米価を引き上げ、米以外の商品の価格を引き下げようとする政策をあれこれ試みたのである。

†米将軍の米価浮揚策

諸物価を権力的に引き下げようとしたのが、先に紹介した享保九年二月の物価引下げ令である。米値段の下落に連動して諸物価が下がらない理由を、商人の不当な利益追求によるものと非難し、処罰をちらつかせて物価引下げを命じた。それとともに同年五月、米や水油、木綿など二二品目を扱う江戸の問屋《といや》に組合（株仲間《かぶなかま》）の結成を命じ、物価を上下させる問屋組合の力を利用して物価の引下げ、あるいは調整を行おうとした。享保期から、株仲間を通じた流通統制が本格的に始まったのである。

幕府は、米価浮揚策に本格的に取り組んだ。そのおもなものは、①米市場に流通する米の量を調整する策、②米価を公定しようとする策、③公金により米切手を買い支えようとする策、④民間資金を使って米切手を買い支えようとする策、などがあった。

米価が上昇するという理由からそれまで禁止されていた米切手の延売買《のべ》（売買契約のさいすぐに代金を払わず、一定期間後に延ばす取引）を、享保七年からしだいに許すようになり、享保一三年に全面的に解禁した。享保一二年に米一石が銀四〇匁に下落した大坂の米価は、翌年もほぼ同じで、享保一四年にはとうとう銀三〇匁にまで下がり、翌年も銀三三匁あたりに低迷した。まさに未曽有の米価低落であった。幕府は、だぶつく米市場から米の量を減らすため、米を買い上げる買米《かいまい》を実施した。江戸では、享保一五年の一月と七月、翌年の享保一六年四月の三回、大坂でも、享保一五年の二月と一〇月、さらに享保一六年の三回実施した。さらに、享保一六年六月には、大坂の町人一三〇名ほどが大坂西町奉行所に呼び出され、買米を命じられている。幕府の資金と民間の資金を使って市場から米を買い上げ、流通する米の現物量を減らそうとしたのである。

諸大名に対しては、享保一五年に年貢米を領内に留め置く「囲米《かこいまい》」(「置米《おきまい》」とも)を命じ、翌年には大坂や江戸へ廻米する量を近年より多くしないよう命じた。これは、大名が大坂や江戸に運んで売却する年貢米の量を減らして、市場に流通する米を減らし米価を引き上げようとしたのである。

享保一七年には、西日本一帯での蝗害による大凶作もあって米一石が銀九〇匁以上に急騰したものの、翌年は早くも銀五〇匁に下落、享保二〇年には銀四〇匁という安値に戻ってしまった。そこで幕府は享保二〇年、米の価格を公定する策まで打ち出した。江戸では、金一両で米一石四斗以下、大坂では米一石につき銀四二匁以上の価格で買い取るよう定めた。米価の公定策である。しかしこの策は、翌年に放棄されている。まさにあの手この手の米価引上げ策であった。

このように、将軍吉宗は米価問題に苦しみ、あれやこれやの対策を立てて取り組んだ。

これが、「米将軍（公方《くぼう》）」などと俗称される所以《ゆえん》である。

†享保期の財政政策

貨幣改鋳による益金で財政運営する政策を放棄し、慶長金銀と同質の正徳金銀（享保金銀）への改鋳策に転換した。財政緊縮を徹底するとともに、勘定所の機構を整備し職員を大幅に増員して農政を本格化させ、その体制で増収策として新田開発と定免法や有毛検見法などの年貢徴収法を採用する政策に取り組んだ。緊縮財政と増収策により危機的な状況を打開し、幕府財政は好転していった。しかし、良貨への貨幣改鋳と財政緊縮は深刻なデフレ、不景気を引きおこした。さらに、享保七年を境とする米価の下落は、幕府や諸大名の財政に深刻な打撃を与え、米価浮揚策に奔走せざるを得なかった。

この事態への対応策として、元文《げんぶん》元年（一七三六）から、貨幣の質を落とした元文金銀を発行する貨幣改鋳を始めた。これは、元禄の貨幣改鋳の時とは異なり、元文金銀と正徳金銀との交換（引換え）には割増をつけたので、幕府に益金は生じなかった。つまり、改鋳益金を目的とした貨幣改鋳ではなく、貨幣流通量を増やして物価の安定をはかろうとした改鋳であり、元禄貨幣改鋳はもとより、後の文政金銀や天保金銀への改鋳、さらには幕末の万延金銀以降の改鋳とは性格が違っていた。財政増収策としては、耕地面積の拡大と年貢徴収法の工夫による年貢量の増加策が中心だった。財政緊縮策と年貢増収策を柱とする享保期の財政運営は、米価の下落と年貢増徴の頭打ちにより行き詰まる。その課題の打開が、次の田沼時代の勘定奉行・勘定所に求められたのである。

第五章　新たな経済財政策の模索——田沼時代の御益追求と山師

1　財政支出の削減——出る金は一銭でも減らす

†田沼時代の幕府財政

大雑把に田沼時代の幕府財政をみると、宝暦元年（一七五一）から同一一年の間は、米方の収支は赤字だが、金方の収支では宝暦四年を除いて年に八〇から一二〇万両もの黒字を出している。前年の剰余金を繰り越して計上しているので、単純に単年度の黒字額とは言えない（前出大野瑞男『江戸幕府財政史論』）が、財政状況の良好さをうかがえる。しかし黒字額は、宝暦一一年には七八万両、一二年には四九万両、一三年には二一万両と急減した。明和元年（一七六四）には、米方が五万石、金方が五万両の赤字になり、同六年まで金方の収支は毎年赤字になった。明和七年に二万両、八年に九〇〇〇両と辛うじて黒字を計上したが、明和期に入ると明らかに幕府財政は赤字基調に転落している。

その後、安永《あんえい》元年（一七七二）以降、米方の収支では赤字が続くものの、金方の収支は安永七年まで年に二〇～五〇万両弱の黒字になり、明和年間の赤字基調は改善されたらしい。ところが、黒字額は安永八年に金七万二〇〇〇両、九年に金一万五〇〇〇両とわずかになり、天明元年（一七八一）には、とうとう米方も金方もともに赤字に転落してしまった。そして天明五年まで、毎年金一一～三〇万両という巨額な赤字を出している（辻達也・松本四郎「御取箇辻書付および御年貢米・御年貢金其外諸向納渡書付について」『横浜市立大学論叢』第15巻）。

田沼時代の幕府財政は、宝暦年間の好調期、明和年間の不調期、安永年間の小康期、天明期の大不調期と特徴づけることができる。

単年度の収支ではなく、幕府の財政力という面からみると、明和年間は備蓄金の豊かな時期だった。江戸城の奥金蔵や大坂城の金蔵に、明和七年（一七七〇）にはあわせて三〇〇万両もの金銀が詰まっていたという（『誠斎雑記』江戸叢書九）。寛政の改革を主導した松平定信は、自叙伝『宇下人言《うげのひとごと》』（『宇下人言・修行録』岩波文庫）のなかで、元禄から寛政までの約百年間で、幕府の蓄え金がもっとも充実していたのは明和年間だと書いている。

田沼意次（勝林寺蔵）

これが、天明八年（一七八八）には金八一万両にまで急減した（「癸卯雑記」）。明和九年の江戸大火（目黒行人坂《ぎょうにんざか》大火）、浅間山の大噴火、江戸の大洪水、天明の飢饉と続いた非常事態に、それでも幕府財政が破綻しなかったのは、この備蓄金のお陰だったらしい。安永から天明期とは、幕府財政史のうえでは、享保の改革から宝暦期にかけて備蓄した貯金を食い潰した時代だったといえる。このような幕府財政の動向をふまえて、田沼時代の財政政策や経済政策を考えることが大事である

†勘定奉行の課題と政策

米価の下落と年貢増徴の頭打ちにより行き

詰まってしまった享保期以来の幕府財政の打開が、田沼時代の勘定奉行・勘定所に求められた。そのような状況のもとで、勘定所役人はさまざまな政策案を企画・立案し、勘定所の昇進システムを駆け上がろうとした。

田沼時代の勘定奉行・勘定所が採用した財政経済政策は、およそ以下の四点だった。まず第一に、財政支出を抑制することは必須だったので、前代以来の財政緊縮策を継続させた。しかし、倹約一本槍ではない多角的な支出抑制策が発案され、実施されていった。第二に、年貢増徴策が限界に達したことから、年貢以外からの増税策が求められ、発展してきた商業・流通・金融のなかに財源を見出していった。この増税策は、増税を押し付けられた民衆の激しい反発と抵抗に直面することになった。第三に、米価下落問題は解決できず、それが諸大名の財政を直撃した結果、大坂を中心に金融状況が悪化して金融不安が起こりかねない状況が生まれ、それへの対応策を求められた。勘定所は、米の買上げを実施するとともに、大坂の豪商の資金を活用した御用金《ごようきん》政策により、この課題に対処しようとした。それと同時に、そこから幕府の利益を生み出そうとした。第四に、金峰山《きんぷせん》（奈良県吉野町）鉱山開発、下総印旛沼《いんばぬま》（千葉県佐倉市他）干拓工事、ロシア貿易と蝦夷地開発など、やや危うい、「山師《やまし》」的で大胆な政策が試みられた。

†出る金は一銭でも減らす

俸禄が四〇俵二人扶持という御家人で、幕府の何らの役職にもついていない小普請の植崎九八郎は、田沼時代の政治や社会を痛烈に批判した意見書を書いた（「植崎九八郎上書」『日本経済大典』20）。そのなかで、当時の幕府役人、とくに勘定所の役人について、つぎのように書いて批判した（現代語訳）。

諸役人は、幕府の支出を一銭でも減らすことを第一の勤めとしてお互いに競い合い、幕府の利益だととなえて、重い租税を取り立てることを将軍への奉公と考え、おのおのの持ち場で、一方で費用を切りつめて支出を減らし、他方で租税の取り立てを厳しくし、その手柄により転任し出世していった。

幕臣植崎九八郎が指摘するように、勘定所役人は、財政安定のため支出を減らす策と収入を増やす政策に同時に取り組んだ。出る金は一銭でも減らし、入る金は一銭でも増やそうとした、ということである。そのなかで田沼時代一八世紀半ば頃から、幕府の利益や都合を優先する政策がとられはじめた。

倹約により支出を削減する緊縮財政は伝統的な政策だが、そこには田沼時代ならではの特徴も見える。幕府は延享三年（一七四六）、幕府の諸役所経費の二年間節減を命じ、宝暦五年（一七五五）には、各役所の年間予算を定める役所別定額予算制度を採用した（大石慎三郎「宝暦・天明期の幕政」『岩波講座日本歴史　近世3』）。明和元年（一七六四）には、作事方以下の役所が使う筆墨、燈油などの現物支給をやめ、役所経費による購入に変更するなど、あれこれ経費削減に取り組んだ。そして明和八年、不作を理由に七年間の倹約令を出し、経費削減と拝借金《はいしゃくきん》の制限を命じた。さらに金三〇万両もの赤字を出した天明三年（一七八三）一二月、七か年倹約令を出して拝借金を停止してしまった。

勘定所による経費削減の手は、幕府と微妙な関係にある公家や朝廷にまで及んだ。明和三年（一七六六）、年頭勅使《ちよくし》（将軍の年始挨拶に対する天皇の答礼の使者）として江戸にやって来る公家たちの接待を簡素化して経費を削減した。さらに朝廷の経費にもメスを入れ、安永三年（一七七四）に経理の不正があるとして担当役人四〇名を処罰し、勘定所役人を朝廷に送り込んで勘定所の管理下においた。そのうえで、安永六年、幕府役所に導入した役所別定額予算制度を朝廷にも適用し、禁裏の年間予算を銀七四五貫目と奥御用金八〇〇両の定額制にした（佐藤雄介『近世朝廷財政と江戸幕府』東京大学出版会、二〇一六年）。

†負担の転嫁――国役普請

経費の削減は治水にまで及んだ。治山治水は国家を治める者の重要な責務であり、関東・東海・畿内の大河川の治水工事は、享保五年（一七二〇）から国役普請という方式で行われた。たとえば利根川の堤防工事の場合、流域の武蔵国など数か国の住民へ、例えば村の石高一〇〇石につき二両などの割合（その割合で個々の百姓が持ち高に応じて負担）で一律に工事費を負担させる国役金《やくきん》を課し、大名へはお手伝い普請（実際に工事を行うのではなく、費用の一部を負担する仕組み）を命じた。幕府は、工事の施工と管理を行い、工事費の十分の一を負担した。

ときに大名に実際に工事を請け負わせることもあり、宝暦三年（一七五三）に、木曽三川《きそさんせん》（木曽川・長良《なが》川《がわ》・揖斐川《いびがわ》）合流地域の治水工事を命じられた薩摩藩では、多数の犠牲者を出したうえ巨額の出費をしいられ、その責任を負って工事の総奉行を務めた家老が自殺した宝暦治水事件などの悲劇もおこっている。多くの場合は、大名に工事代金の一部を負担させるお手伝い普請方式だった。

国役普請制度を採用した幕府の意図は、治水にかかる財政負担の削減だった。一国一円を支配する国持大名など二〇万石以上の大名領は、国役普請の対象からはずし、それ以下の大名領など自力では治水工事ができない場合を対象にした。享保一七年にいったん中止したが、工事費の全額を幕府が負担する御普請《ごふしん》と国役普請の損得計算をしたところ、国役普請のほうが幕府の負担は少ないとわかり、宝暦八年一二月に再開した。

改正国役普請の仕組みは、享保五年のときと同じだが、二〇万石以上の大大名たちにも工事費を負担させる方式に改定し、幕府の負担を軽くする措置がとられた。例えば、六二万石の大藩である仙台藩は、国役普請の恩恵を受けられないにもかかわらず、明和四年(一七六七)、利根川筋の国役普請のお手伝いを命じられ二二万両もの巨額な負担をさせられた。このお手伝い普請の負担は、仙台藩、長州藩、広島藩などに深刻な打撃を与えて藩の財政を悪化させたといわれ、幕府と藩との軋轢《あつれき》を生む種のひとつになった(難波信雄「寛政の改革」『講座日本近世史』5)。

†拝借金の停止

幕府は、大凶作や自然災害、あるいは居城火災などで経済的苦境におちいった大名を救済するため、拝借金という制度を設けていた。無利子、年賦返済という破格の条件の融資は、大名や旗本たちを経済的な破滅から救う幕府の恩恵的な金融システムだった。将軍・幕府が、大名、ひろくは武士身分の利害を代表する「公儀《こうぎ》」であることを、金融の面で示す制度であり、大名の将軍・幕府への忠誠のもとともなった。

ところが幕府は明和八年（一七七一）、五か年間倹約令を出すとともにその拝借金を制限した。京都所司代や大坂城代、長崎奉行など幕府役人が遠国に赴任するときは認めるものの、それ以外の大名や旗本には容易に認めず、公家や寺社には認めない、と宣告した。天明三年（一七八三）に出した七か年倹約令では、とうとう拝借金を全面停止してしまった。幕府は倹約を理由に、幕府と藩との関係、つまり幕藩体制の安定にとって金融面での重要な仕組みを一時的とはいえ放棄してしまった。「出る金は一銭でも減らす」という政策の一部だった。しかし、幕府と藩とのあいだに内在する矛盾の緩和剤でもある拝借金の停止は、幕藩関係に微妙な影をなげかけることになる。

2　新たな財源探し――入る金は一銭でも多く

†商品生産・流通への着目

つぎは、「入る金は一銭でも増やす」ための政策である。
享保の改革で採用された、新田開発や年貢増徴を推進する策により米年貢の収量を増やすだけでは、財政収入の増加に直結しないことが明らかになった。また、「胡麻の油と百姓は」というような年貢増徴は強い抵抗をうけ、一八世紀後半には百姓一揆の件数が増え、しかもその規模が大きくなるとともに激しい打ちこわしを伴うようになった。幕府は、厳罰化や近隣の大名が助け合う相互援兵など、百姓一揆を鎮圧する軍事力や警察力を強化することにより対応してきた。しかし、高率の年貢をさらに高くすることはもちろん、いままでの水準を維持することすら困難な状況になってきた。もちろん、年貢増徴政策を撤回したわけではなく、高率の年貢を維持する努力を怠ることはなかった。

その一方で、先に紹介したように、正徳四年を一〇〇とした物価指数で、元文元年は米が二七に対してそれ以外の二二品目は五七だった。大坂市場の代表的でもっとも重要な商品であった綿（実綿）は、実綿一本（四〇斤）と米一石が元禄期から享保後期までは等価だったものが、享保一九年以降、実綿が米に対して一・五倍から二倍へ上昇したという（前掲『近世物価史研究』）。「米価安の諸色高」により、米価と比べて米以外の価格が相対的に高くなったということは、米以外の商品を作る方が有利になってきたことを意味する。農民たちが、米作りに励むとともに、米以外の作物などの生産に熱心に取り組むようになるのは当然の動きである。

すでに説明したように、神尾春央による有毛検見法の導入によって、米や雑穀を作ったときより少し高い年貢を納めれば、本田畑にそれ以外の有利な作物を作っても構わないことにもなった。本田畑で生産した原材料、たとえば綿を加工して木綿糸を作る、さらに木綿布に織る農村工業が発展するという事態を生みだしたのである。耕地からでなくとも、山野河海からの採集物を加工する産業も起こってくる。これが、商品生産の発展、農村工業の発達とよばれる事態だった。また、商品生産と流通の活発化は、当然のことながら金融の発達も促す。

田沼時代の勘定所は、まさにこの現実に目を向けることになる。彼らが、発展してきた商品生産や流通、さらには金融のなかに幕府の新たな財源を見出していったのは合理的だった。

†幕益の追求と役人の出世競争

植崎九八郎は、勘定所役人が幕府の支出を一銭でも減らし、幕府の利益ととなえて重い租税を取り立てて幕府の収入を増やすことを競い合い、「その手柄により転任し出世していった」、つまりその業績（手柄）によって出世を遂げたと指摘していた。幕府財政支出を減らし、財政収入を増やす策を考え出して出世競争をする勘定所役人の姿を伝えている。

会津藩は天明六年（一七八六）閏一〇月頃、御三家に幕府政治についての意見書を提出しようとした(『会津藩家世実紀』第一二巻)。その意見書のなかで、つぎのような主旨のことを書いている(現代語訳)。

幕府の下級役人たちが、自分の出世のため、うまくいくかどうかあやふやなままに「御益《おんえき》」策を上申し、その「御益」策を詳しく調べ当否を考えるための調査団を、ささいな事柄についてまで全国津々浦々に派遣したので、現地の住民たちはその応対の負担に苦しんだ、そのうえ不心得な役人が無理難題を申しかけたりするので、住民たちはますます苦しみ疲弊してしまう。

下級の幕府役人(勘定所役人を指している)が自身の出世のため、幕府の利益になると唱える政策を立案し、全国各地に調査団を派遣している事態を伝えている。政策案が採用されれば責任者として昇進し、その政策が成功すればその功績(手柄)によりさらに昇進する。幕府の利益を追求する時代と、すでに説明した勘定所役人の昇進システムが見事に結びついたのである。

†転び芸者と山師・運上

ロシアの蝦夷地接近に警鐘を鳴らした『赤蝦夷風説考《あかえぞふうせつこう》』の著者で仙台藩の医師工藤平助《くどうへいすけ》（一七三四〜一八〇〇年）の娘、只野真葛《ただのまくず》（一七六三―一八二五）は、随筆『むかしばなし』（『仙台叢書』第九巻）のなかで、一〇代将軍徳川家治《いえはる》が亡くなり、田沼意次《おきつぐ》が失脚すると世の中がすっかり変ってしまい、意次が権勢をふるった時代に出世した人びとは、みな悪人か山師《やまし》のように疑われ、非難されたと書いている。

将軍直属でさまざまな情報の収集をおこなった幕府御庭番《おにわばん》の梶野《かじの》平九郎は、天明七年（一七八七）五月に江戸でおこった大規模な打ちこわし（天明の江戸打ちこわし）の直後に、江戸市中の情報を収集し「風聞書」という報告書を将軍へ提出した。その「風聞書」のなかで、「山師体《てい》の者ばかり利運《りうん》にまかりなり」「いよいよ世上一同山師の様にまかりなり」「世の中一同に取りはからい細かく、山師体の者多く」「山師がましき者多き」など、「山師」という語が氾濫している（『東京市史稿』産業篇第三十）。「山師」のような者が出世し、跋扈《ばっこ》していることに対する江戸市中の批判が強かったことをうかがわせる。

山師とは、もともと「投機的な事業で金もうけをねらう人」「詐欺師・いかさま師」（『明解国語辞典』）という意味である。しかし、田沼時代に創意工夫をこらした新たな試みをする人びとや、斬新な政策提言を行いそれを政策化した人びとも「山師」と呼ばれた。田沼時代とは、そのような「山師」的な人びとが活躍した、あるいは活躍できた時代でもあった。

有名な蘭学者《らんがくしゃ》で蘭方医《らんぽうい》の杉田玄白《すぎたげんぱく》(一七三三〜一八一七年)は、田沼時代の世相を巧みに捉えて風刺した「世にあう(合う)は、道楽者におごりもの(奢り者)、ころび(転び)芸者に山師・運上」という狂歌を書き留めている(『後見草《あとみぐさ》』『燕石十種《えんせきじっしゅ》』第二巻)。田沼時代にぴったり合ったのは、「山師」と「運上」だったことを風刺している。「山師」とならんであげられた「運上」とは何か。しばしば「運上・冥加《みようが》」と対《つい》のように使われる語である。

江戸時代、各種の営業者にかけられた雑税のことであるが、運上は、商工業・漁業・運送業者などの営業に課され、一定の税率を決めて納めさせた税をさし、冥加とは、営業を許可されたり、あるいは何らかの特権・権利を与えられたりした商工業者が、その見返りに一定額を献納したものをさしている。もともとは異なるものだが、しばしば混用される。さきの狂歌に出てくる「運上」とは、「運上・冥加」を意味しているだろう。

それは、田畑から上納させる年貢以外、いわゆる本途物成《ほんともの なり》以外の雑税であるが、田沼時代には、都市の商工業者から農村の零細な商品生産者に至るまで、さかんに「運上・冥加」を課した。そのことは、年貢以外に幕府財政の財源を求めようとしたことを示す。

†広く薄く課税

勘定所は明和九年（一七七二年。一一月に改元し安永元年）一月、代官に、酒・醬油・酢の醸造、絞油、水車稼ぎ、薪の伐出しなどの具体例を挙げ、それらの稼ぎのある村からは、たとえ零細なものでも生活の助けになっている実態があれば、冥加金を出させるようにせよ、具体例以外にも農民らの暮らしの助成になっているような稼ぎがあれば、冥加金を出させるように取り調べろ、と命じている（『日本財政経済史料』第一巻）。たとえどんな零細規模のものでも、農村部で行われている商品生産や工業を調べ上げ、それに冥加金という名の課税をしようとする政策である。

一例に「阿六櫛《おろくくし》」をあげておこう。「阿六櫛」とは、中仙道の木曽路藪原《やぶはら》宿（長野県木祖村）の名物で、同じく木曽路妻籠《つまご》宿（長野県南木曽村）のお六という女性が始めたとされる黄楊《つげ》の櫛である。信濃（長野県）木曽から下伊那にかけて、家計の足しにするためささいな副業として生産されていたらしい。

勘定所の指示をうけた信濃の千村《ちむら》代官所は、信濃国伊那郡清内路《せいないじ》村（長野県下伊那郡阿智村）で作られていた櫛に目をつけた。代官所は、櫛は自家用ではなく他国へも売り出しているのだから、運上を納めよと命じた。村側は、貧しい村であり、櫛の利益もわずかなもので、塩や茶を買うお金にしている程度の零細なものだからと運上の免除を代官所に要請した。ところが代官は村側の要望に耳を貸さず、少額の運上を出したからといって生活に困るとは思えないので、運上を出せと強く命じた。代官所の姿勢の厳しさを感じ取った村側は、やむなく一年に運上金永《えい》八五文の上納を提示した。ところがその金額に代官は納得せず増額するよう要求したので、村側はとても難儀だと言いながらも一五文増額した永一〇〇文を提示し、やっと代官所の了承を得た（『長野県史』近世資料編第四巻（二））。永一〇〇文とは、金に換算すると〇・一両にあたり、銭に換算すると（金と銭の両替を金一両を銭六〇〇〇文替えとする）銭六〇〇文に相当する。代官所は、村側が提示した運上金永八五文をはねつけ、交渉して永一五文を増額させたその成果が銭六〇〇文である。まさに広く薄い課税である。

†勘定奉行の失敗と老中の叱責

幕府財政を預かる勘定所の長官である勘定奉行とその職員たちの一番の関心事は、悪化してきた幕府財政を運営するため、財政支出を減らし収入を増やすことだった。政策官庁として成長した勘定所は、そのための経済財政政策をつぎつぎと立案し、実施していった。しかし、明和二年（一七六五）三月、勘定奉行は老中から叱責され、つぎのような厳重注意をうけた（『御触書天明集成』一八八〇号）。

勘定奉行は、確かな見通しのない「御益」策を上申してはならない。その理由は、老中は勘定奉行の政策案はよく練られたものと考え、書面審査だけで認めてしまうこともあるからだ。また、老中の側から「御益」策について勘定奉行の意見を尋ねるのは、その策の成否や問題点を知りたいからで、老中に遠慮し十分に納得できないにもかかわらず賛成するようなことがあってはならない。執行した政策がうまく行かず撤回したことがあったのは、熟慮することなくその場その場の事情だけで判断したからで、まことに不埒《ふらち》なことである。今後、政策案を上申するときも、老中の諮問に答える場合も、表面を取り飾ることなく、将来を熟慮したうえで上申すべきだ。また、提案者の口車《くちぐるま》に乗り、不用意に実施することがあってはならない。

幕府の財政収入を増やすための政策（「御益」策）は、勘定奉行と老中から出されていたらしいが、勘定奉行がもっとも重要な役割を果たし、老中は信頼しきっていたらしい。ところが勘定奉行は、その政策案の利害得失や将来について熟慮することなく飛びつくことがあった。財政収入の増加に結びつく運上や冥加金の上納を餌に、さまざまな献策をする町人・百姓らがいた。それを自身の出世と結びつけ、政策を立案する勘定所の役人がいた。そのため、町人らの口車に乗せられ、うまくしてやられ失敗したこともあったのである。

勘定奉行に対する老中の叱責は、直近に起こった実際の事件をふまえていた。ひとつは、秋田藩領阿仁《あに》銅山（秋田県北秋田市）上知一件である。幕府は宝暦一四年（一七六四年。六月に改元があり明和元年）五月、阿仁銅山の上知を命じたが、秋田藩の反対運動にあって翌六月に早くも撤回に追い込まれた。

もうひとつは、同年の年末に、信濃、上野、下野、武蔵の広範囲の百姓が蜂起した、江戸時代最大規模の百姓一揆である伝馬《てんま》騒動が起こった。日光で徳川家康一五〇回忌の法会《ほうえ》が催されるため、中山道の宿駅では大量の人馬が必要になった。それまでの助郷《すけごう》では負担しきれないため、増《まし》助郷といって、助郷を負担する村の数を増やす計画がもちあがった。そこに新たな利益追求の機会を見出した地主、名主、商人、高利貸、問屋《といや》、本陣《ほんじん》らは、宝暦一四年にこの増助郷の請負を幕府に願い出て、許可された。請負出願人たちは、新たに助郷を負担することになる宿駅から遠い村むらに、実際に人と馬を出すかわりに村高一〇〇石につき六両二分の役金を出させ、宿駅周辺の人と馬を安く雇ってその差額を利益にしようと計画した。

これを知った信濃から武蔵にかけての百姓二〇万人が、新たな負担に反対して蜂起し、幕府に訴えるため江戸に向かった。この大騒動に驚いた幕府は、増助郷を撤回せざるを得なくなった。幕府の譲歩をかちとった一揆勢は、請負出願人たちの屋敷を打ちこわす大事件になった。これらの事件などが、老中の叱責にいう、ずさんで拙速、そして町人らの口車に乗った事例だろう。

3 困難を極める米価安と金融不安

†米価浮揚策と「空米切手」

米市場から米の流通量を減らすため、米切手の延売買《のべ》を許可するなど、享保の改革の中でも米価対策の一環として米切手が取り上げられていた。米価は、宝暦年間に入っても低い状態を続け、宝暦元年（一七五一）には一石銀六〇匁を下まわっていた米価は、宝暦三年には銀四〇匁近くにまで急落した。持ち直す時期もあったが、宝暦九年、一〇年、一一年と銀五〇匁近辺をうろうろする状態だった。またまた米価を浮揚させる対策を打ち出さざるを得なくなった。なお、米価と米切手、および御用金政策に関しては、高槻泰郎氏『近世米市場の形成と展開』（前出）の成果によるところが大きい。

とくに問題になったのは、米切手であった。米切手とは、諸大名が領内の年貢米や特産物を保管し売却するため大坂などにおいた蔵屋敷が、年貢米である蔵米を入札《いれふだ》により売却した際、落札者に対して発行した払い米の保管証券のことである。落札者である米の仲買人は、落札した米を処分するまでの保管を蔵屋敷に依頼した。米切手を入手した仲買人や仲買人から切手をさらに買い取った者が、現米の払出しを請求すれば、蔵屋敷はその切手分の米を渡し、米仲買らはそれを米市場で売却して現金を手にすることができた。ちなみに、米切手は米一〇石ごとに一枚であった。

諸藩は、年貢米の売却により得た金を財政収入の柱として藩財政を運営していた。本来、蔵屋敷に在庫している、あるいは領内から運ばれる米の現物の量と発行した米切手の米の総量とが一致している建前だった。ところが、現物量以上に米切手が発行されるようになった。

諸藩は、幕府に負けず劣らず財政危機を迎えていた。幕府よりも財政基盤の弱い諸藩は、「米価安の諸色高」に直撃された。財政収入の不足分を補うため、蔵屋敷の現米より多く米切手を発行した。工面して金を集めることを「調達《ちょうたつ》」というが、まさにそのために発行した米切手を「調達切手」とよんだ。さらに現物の米の裏付けがないのに発行された米切手が、「空米《からまい》切手」であった。もちろん、「空米切手」という米切手はない。諸藩は、財政困難のなかで財政を運営するため、現実には「空米切手」を発行していた。

†「空米切手」と信用不安

この「空米切手」は、二つの点で困った切手だった。一つは、現物の米がないのにあるかのように発行されるため、市場に供給される米の量が実際よりも増えることである。ただでさえ供給過剰気味の米がさらに過剰になり、米価の低落を引きおこす要因になった。そこで幕府は、この「空米切手」の取締りにあたった。

第二は、蔵屋敷が発行した米切手を所持する米仲買などが、蔵屋敷に現米の払出しを請求しても、米の現物がないため米を渡してもらえない事態が起こってきた。そうすると、現米の裏付けがないのではないかと疑われ、そのため米切手の信用が薄くなり、米切手の所持者が米の払出しを求めて蔵屋敷に殺到すれば、まさに取り付け騒ぎになる。その結果、米切手の信用がなくなり、米切手の発行により財政を運営している諸藩にとって死活問題になる。それは、大坂を中心とする金融市場の混乱を引きおこし、与える影響はきわめて甚大だった。

そこで幕府は、藩財政の維持（それは藩そのものの維持でもある）、それはとりもなおさず幕藩体制の安定を維持するため、この米切手の信用を維持する政策をとらざるを得なくなる。このように「空米切手」問題は、米価問題であると同時に金融問題でもあり、さらには政治体制の安定にもかかわるという、複雑で厄介なものとなった。

†「空米切手」の禁止

諸藩の収入は、秋から冬に収納される年貢米の販売がおもなもので、季節限定的なものだったが、財政支出は年間を通じて恒常的に行われていた。つまり、秋・冬の収入をあて(当て)にして日常的な運転資金の供給をうける必要があった。その運転資金を提供したのが掛屋《かけや》と呼ばれる金融業者で、掛屋から藩への資金融通《ゆうずう》のことを、高槻泰郎氏は「当座貸越契約」と呼んでいる。

年貢米の販売により換金できる金額と「当座貸越契約」により融通してもらう金額とが一致していれば、なんの問題もなかった。藩が当座に必要とする資金の融通を商人から受けても、それは藩財政の窮乏を意味しなかった。しかし、支出が収入を上まわり、そのバランスが崩れると、収入不足分を補塡するため、蔵屋敷に米がないにもかかわらずあるかのようにして米切手を発行することを始めた。米切手を利用した資金調達が始まり、これは藩財政の窮乏を意味した。

それは、現物(現米)のある正米《しょうまい》取引に対して空米取引であり、空米にもかかわらず正米を装って発行した米切手が調達切手、先納《せんのう》切手、過米《かまい》切手などと呼ばれた、いわゆる「空米切手」である。「空米切手」の発行は、藩財政の悪化とともに、享保期からさかんに行われた。米価問題からすると、見かけの米の在庫量や流通量が多くなり、結果として米の値段を引き下げた。さらに、蔵屋敷に米の現物がないため、米仲買らが米の払出しを求めてもなかなか渡されない事態が頻発した。米切手が不渡り手形になり、大坂の金融市場に混乱を引きおこしたのである。

この事態を重く見た幕府は、勘定所の勘定吟味役小野左太夫一吉《おのさだゆうくによし》が目付の三枝帯刀守明《さえぐさたてわきもりあき》、勘定の向山《むこうやま》源太夫長常らとともに大坂に乗り込み、新たな政策を打ち出した。宝暦一一年（一七六一）一二月、買米のための資金を民間から調達するため、大坂の豪商に御用金（後述）を命じるとともに、「空米切手」の発行を禁止した。その禁止令は、「空米切手」を「（大坂蔵屋敷への）廻着米高のほか空米を書き加え、有米高より過米の切手を出し」と定義している（『御触書天明集成』二八八七号）。

つまり、「空米切手」とは、有米高より多い米高が記された切手のことである。その結果、米値段と他の正米切手による売買に支障が生じていると、触書は指摘する。勘定所は、「空米切手」の禁止により、実体のない米の量を減らして米価を引き上げ、米切手の信用を維持しようとした。

明和期に入ると、正米切手すら信用が低下し、信用不安をひきおこしてしまった。そこで勘定所は安永二年（一七七三）、官銀立替《かんぎんたてかえ》政策、あるいは滞《とどこお》り切手公銀立替政策とよばれるあらたな米切手対策を打ち出した（『御触書天明集成』二八九四号）。それは、蔵屋敷から米仲買に米の現物の引渡しが滞るような米切手を、幕府が公金を使って買い上げる姿勢を示し、それにより米切手の流通を保証せざるを得なかった。なお、高槻氏によると、幕府は実際に公金を投下して米切手を買い上げることはなかったので、姿勢を示しただけらしい。

†米切手改印制度

幕府は、米切手の円滑な流通を確保することを目的に、天明三年（一七八三）一一月、米切手改印《かいいん》制を導入した（『御触書天明集成』二八九九・二九〇〇号）。諸藩が安永二年以降に発行した米切手には、すべて「米切手　改《あらため》　兼帯役《けんたいやく》」に任じられた幕府呉服師《ごふくし》後藤《ごとう》縫殿助《ぬいのすけ》の改印を義務化した。米切手所持者は、改印をうけるさいに米一石につき銀一分の印料《いんりょう》を支払わなければならないが、改印をうけた米切手がもしも焦げ付いた場合、幕府の司法の手により債権は保証されるメリットがあった。

しかし諸藩は、あれこれ操作した米切手を発行することにより資金調達して財政をやり繰りしていたので、この改印制により大坂豪商から融資を受ける道を狭められ、財政運営が難しくなる。諸藩はまさに悲鳴をあげ、熊本藩や長州藩など大坂に蔵屋敷を持ち、蔵米を大量に販売していた諸藩が、幕府にこの制度の実施の延期をあの手この手で要請し抵抗した。結局、早くも翌天明四年一一月に改印制は廃止になった。幕府による米価対策としての「空米切手」の規制策は、諸藩の財政運営と鋭く対立したのである。

†買米御用金

幕府が市中の米を買い上げる買米は、宝暦三年(一七五三)八月に江戸で行われ、かなり高い価格で買い上げられた。宝暦一一年一二月には、「空米切手」禁止令を出すとともに、江戸から大坂に乗り込んできた勘定吟味役の小野左太夫や目付の三枝帯刀、評定所留役など総勢一六名が、豪商を呼びつけて二〇六人に合計一七五万両余の御用金を命じた。その目的は、米相場を引き上げるための買米資金の調達だった。

大坂市中から米を買い上げて流通量を減らし、米値段を引き上げようとしたのである。具体的には、御用金をいったん大坂町奉行所に納めさせ、それを買米資金として大坂の三二五町に配分し、町が買米をするというやり方だった。各町は、奉行所から渡された御用金の三分の二で米切手を購入し、残りの三分の一は町人や大名に貸し付ける仕組みになっていた。この大名への貸付は、「空米切手」禁止の代償措置というべきもので、財政運営に苦しむ大名を救済する目的だった。

一七五万両もの御用金を命じたが、現実に集まったのは五六万両弱だったという。だが、一時に五六万両もの大金が大坂市中から吸い上げられたため、その分だけ諸藩は豪商から新規の融資を受けにくくなり、金融閉塞の事態を招いた。このため御用金令は、発令わずか二か月後の宝暦一二年二月二八日に撤回された。短時日で撤回されたため米価引上げの効果はなく、大坂の金融状況を混乱させて大名の資金繰りを難しくしただけで終わった。このように、米切手統制も買米御用金も、そのやり方によっては藩財政の運営に打撃を与える政策であり、幕府と藩の利害が対立しかねないものだった。

4　御用金政策

†御用金

田沼時代後半の幕府・勘定所は、経済財政政策に商業資本・金融資本を、たんにその市場支配力を利用し協力させるだけではなく、その資金そのものを積極的かつ大規模に活用しようとした。それは、低迷する米価の引上げと財政のやり繰りに苦しむ藩救済とを同時に実現しようとするとともに、そのなかから幕府財政収入を引きだそうとした。具体的には、とくに大坂の商業・金融資本の巨額な資金を活用しようとする御用金政策が実行にうつされた。

なお、御用金は献納金や上金《あげきん》と異なり、長期間にわたるものの若干の利子が付けられ幕府から償還される性格のものだった。その点では、現代の国債に近いともいえる。しかし、償還には長年月かかり、さらに償還されない危険性もあったので、御用金の差出しを命じられる豪商らはその点を危ぶんだ。そのため豪商らはなかなか応じようとせず、応じる場合も減額交渉により抵抗した。

†天明三年の融通貸付

御用金としては、米価引上げを目的とした宝暦一一年(一七六一)の買米御用金が最初だが、天明年間には、三年と五年に大名への融資(融通)をおもな目的とした御用金令が出された。大坂豪商の巨額の資金を、大名の米切手発行を統制する見返りとして、また大坂廻米がほとんどないため大坂豪商からの借金が難しい大名への融資と、幕府の収益のために活用しようと試みた。

大坂町奉行所は天明三年(一七八三)一二月、大坂の有力な両替商鴻池など一一軒を内々に融通方《ゆうずうかた》に指名し、資金繰りに苦しむ大名への融資にあたらせた。幕府が命じた御用金の総額は、金一四万五〇〇〇両にのぼる。一一軒の商人は、指定された額の現金を幕府に上納することなく自己の手元におき、大名から融資の申込みがあれば貸し付ける、という仕組みだった。融資には、藩役人名義の借用証文を入れさせ、返済が滞った場合は大坂町奉行所や大坂谷町《おおさかたにまち》代官所が返済を保証する、という添え証文を入れる方式だった。つまり、幕府が債務保証をつけて大名に融資させるものだった。

両替商は、上限年利八パーセントで貸し付け、五パーセント分の利息を幕府へ上納し、幕府はそのうち二・五パーセント分を両替商に戻す。つまり、両替商は年利五・五パーセント、幕府は年利二・五パーセント分の利息を手に入れる構想だった。御用金の全額が貸し付けられると、幕府は一年に金三六二五両の利子収入を手にする。商人から資金繰りに苦しむ大名に融資させ、幕府は返済を保証する見返りに最大で金三六二五両を手に入れる。巨額とはいえないものの、田沼時代の幕府のしたたかさがよく出ている。

この融通貸付制度の発足と同時に幕府は拝借金を停止しているので、この制度は拝借金停止の代償措置だったと、高槻泰郎氏は指摘する。

†天明五年の大坂御用金令

幕府は天明五年一二月、大坂の町人三〇〇人ほど、さらに兵庫、灘目《なだめ》、伊丹（以上、兵庫県）、木津《きづ》村（京都府）、池田、難波《なんば》村、天王寺村、今宮村（以上、大阪府）などの大坂代官支配地の豪農や裕福な寺社に御用金を命じた。対象者は合計六、七〇〇人、御用金総額は六〇〇万両という巨額にのぼると噂された。

実施にあたった大坂西町奉行は、諸大名の悪化した資金繰りを打開するためと御用金の主旨を説明した。また、諸大名が資金繰りに苦しむ大きな理由は、借りた金をきちんと返さないため貸し渋りがおこるからだ、とも指摘した。そこで、返済を確実にするためしっかりした担保を設定することにした。それは、借金の金額にみあった年貢収納のある大名領の田畑だった。返済が滞れば、幕府代官が抵当に入っている田畑を管理し、そこからの年貢で元利を確実に返済させる、という仕組みである。

貸付利息は七パーセント、幕府はそのうち一パーセントを手にする予定だった。実際に集まる御用金の総額が六〇〇万両になるかどうか定かではないが、巨額な金額になることは疑いない。幕府は一切公金を出すことなく巨額の金を管理下に入れ、返済を保証する代わりに利子一パーセント分、最大で六万両を手に入れることができる計算だった。

しかし、この御用金政策もすぐに破綻した。最大の理由は、豪商たちの抵抗である。豪商らは、大名と相対で融資する仕組みである点に目をつけ、貸し渋りをした。そのため大名はなかなか利用できず、発令から一年もたたない天明六年閏一〇月に中止になった。

†全国御用金令と貸金会所

豪商・豪農への御用金政策が難航した勘定所は、全国御用金令とそれを財源にした貸金会所設立という、大胆な金融政策を立てた。

幕府は天明六年(一七八六)六月二九日、金融状況が悪く資金繰りに苦しむ諸大名らに融資するため、という主旨の全国御用金令を出した。全国の寺社・山伏は、その規模が上の部分は金一五両、それ以下はそれ相応、全国の百姓身分は、持高一〇〇石につき銀二五匁、全国の町人身分(地主)は、所持する町屋敷の間口《まぐち》一間につき銀三匁を、天明六年から五年間、毎年出金するよう命じた(『御触書天明集成』三〇八二号)。全国の百姓、町人、寺社に広く薄く御用金をかけ、資金を集める計画である。

この御用金を原資とし幕府が公金を加えて大坂に貸金会所を設け、融資を希望する大名に金利年七朱(七パーセント)で貸し付ける構想である。担保は、大名が発行した米切手か、借金額に見あった大名領の田畑の年貢をあてる方式である。年利七パーセントは、市中金利よりかなり低利だが、確かな抵当により確実に元利を回収できる仕組みだった。貸金会所は、幕府の大名向け金融機関であり政策銀行といってもよい。

御用金は、寺社は各宗派ごとの本寺・本山が取り集め、百姓・町人は幕府領は代官や奉行、私領は各領主が集め、江戸は駿河町の三井組か上田組、大坂は高麗橋《こうらい》の三井組か上中島の上田組に納入することになる。なお、三井家は全国御用金令の触書が出る前日の六月二八日、上田組とともに勘定所に呼び出され、勘定奉行松本秀持《ひでもち》から御用金の収納業務を命じられた（賀川隆行『江戸幕府御用金の研究』法政大学出版局、二〇〇二年）。

全国御用金令が順調にいけば、百姓身分が一〇〇石につき銀二五匁を五年間出金（合計銀一二五匁で約金二両に相当）すると、全国の石高を三〇〇〇万石と見積もり総額で約六〇万両、これに、屋敷地の間口に応じて出金する町人と寺社の分が加わる。推計は難しいが、総額七〇万両を超えるだろう。

この全国御用金令は、発令わずか二か月足らずの八月二四日、関東地方の洪水により人びとが苦しんでいるという理由で中止になった（『御触書天明集成』三〇八三号）。全国御用金令が京都市中に触れられると、公家の権大納言今出川《いまでがわ》実種《さねたね》は、七月二七日の日記（「実種公記《こうき》」東京大学史料編纂所蔵）に、「近年御益と号して国民の金銀をかすめ、今度また融通と号して戸別に課役をとる、是《これ》ゆえ万民辛政《しんせい》に苦しむ」と書いた。各種の運上・冥加金の賦課とその増額に全国御用金令が加わり、幕府に対する民衆の強い反発が生まれていた。これこそが、全国御用金令中止の真の理由である。

なお、この大胆な御用金構想の発案者は、元浪人で当時は伊勢桑名藩松平家の家臣原惣《はらそう》兵衛《べえ》とされる。原は、藩主の用向きで滞在中の大坂で豪商と知り合いになり、資金を出させて大坂の東照宮を立派に修復したという。その後江戸に行き、田沼意次の用人三浦庄司《みうらしょうじ》に取り入って「融通金貸金会所《ゆうずうきんかしきんかいしょ》」構想を献策し、それが採用になり実施されたという（『東京市史稿』産業篇第三十所収「天明六年丙午之記」）。

原惣兵衛の大胆な構想を政策化したのは、老中田沼意次と勘定奉行松本秀持のコンビだった。全国の百姓、町人らから集めた資金を融資して大名を救済し、幕府も収益をあげ、百姓らにも利子をつけて金を返す計画、いかにも「山師」の時代らしい政策であった。

5　田沼時代の三人の勘定奉行

田沼時代の幕府財政と経済政策を担った勘定奉行のうち、田沼時代を象徴すると著者が考える三人、小野一吉《くによし》、石谷清昌《いしがやきよまさ》、松本秀持をとりあげよう。

小野一吉の履歴

小野一吉は、宝暦一二年（一七六二）から明和八年（一七七一）まで、約一〇年間勘定奉行を務めた。一吉は、細工《さいく》所《じょ》同心組頭を務めた小野安右衛門勝豊の子だった。勝豊は、徳川綱吉が将軍になる前の上州《じょうしゅう》館林《たてばやし》（群馬県館林市）藩主時代に仕え、将軍就任とともに幕臣になった。細工所とは、天皇への進上品、幕府の武具・馬具・調度品などを製作する幕府の役所で、そこの同心は御目見得以下のいわゆる御家人身分だった。

一吉は、御家人の役職である大奥進物番取次上席《しんもつばんとりつぎじょうせき》、ついで徒《かち》目付を経て、元文二年（一七三七）、御目見得以上の幕臣が就く勘定に取り立てられ、旗本の格式に上昇した。寛保元年（一七四一）、長崎へ出張、同二年、代官に転じ、ついで宝暦五年（一七五五）、勘定吟味役に昇進した。このとき五〇俵加増され、蔵米一〇〇俵二人扶持《ぶち》になった。さらに同一〇年、二〇〇石加増され、蔵米と扶持米を知行に改められ、知行三一〇石取りとなった。同一二年、勘定奉行に昇任して二〇〇石加増され（合計知行五一〇石）、従五位下日向守《ひゅうがのかみ》に叙任された。

前述したように宝暦一二年には米価問題で大坂に出張し、明和二年に東照宮（徳川家康）一五〇回忌法会にあたり日光に出張した。なお、同六年には半年にわたり財政を一人で切り盛りしたという。

明和八年、勘定奉行から大目付に転じ、安永五年（一七七六）に西丸旗奉行、同八年に本丸旗奉行、天明元年（一七八一）にふたたび西丸旗奉行に戻り、在職中の同三年に八四歳で亡くなった。八四歳まで現役の幕府役人として勤務した。

小野一吉は、御目見得以下の御家人の出自ながら、勘定所の内部で昇格・昇任して勘定奉行にまでなった人物である。小野一吉は、他の役所と異なる昇進の仕組みを持っていた勘定所ならではの奉行の事例である。奉行在職中はいわゆる田沼時代の前半期にあたり、田沼時代前期の経済財政政策を担った勘定奉行だった。

†小野一吉の評判

小野一吉の政策については、かの稀にみる才人でアイデアマンの平賀源内《ひらがげんない》が、たとえ源内が勘定奉行になったとしても、「小野のまねにて珍しからず」と舌を巻いたほどである（城福勇『平賀源内の研究』創元社、一九八〇年）。小野が田沼時代の卓抜な力量を持った勘定奉行だったことは、この記述からだけでも推測できる。

神沢杜口は、小野一吉のことをとくに取り上げて書いている。神沢によると、小野は享保の改革で活躍した老中松平乗邑《のりさと》に取り入り、その推挙で勘定所の支配勘定（勘定の下で御目見得以下）に取り立てられ、ついで御目見得以上になって代官となり、その後、勘定組頭、勘定吟味役を経て勘定奉行へ昇進した、とその経歴を解説した後、小野の逸話を紹介する。

小野が代官時代のことで、寛延元年（一七四八）に、九代将軍徳川家重《いえしげ》の就任を祝う恒例の朝鮮通信使が来日したさい、小野はある宿《しゅく》で接待などを担当し、そのさいの会計処理の迅速さにまつわる逸話である。朝鮮通信使の一連の行事が終わり、勘定所から勘定方役人に対して、おのおの担当した役務の会計決算の報告と勘定帳面の提出が命じられた。そのさい、通常はかなりの日数をかけて提出するのに、小野はその勘定帳面をすぐに提出した。驚いた勘定所がその理由を尋ねたら、毎日手帳につけていたものを後になって整理して決算したのではなく、毎日毎日一日ずつ決算をしそれをまとめただけなので、すぐに全体の決算の勘定帳面を作成できた、と答えた。それを聞いた勘定所では、皆が拍手してその「記憶力」を讃えた。それに対して小野は、記憶力が良くないから毎日毎日一日分の決算をしていただけで、後になって会計決算のできる役人こそ記憶力が良くて羨ましい、と答えた。これを聞いた勘定所は、小野を激賞したという。

つぎは、勘定吟味役在任中のことである。大坂の幕府役人の不正事件があり、小野は出張して目付の立合のもとで吟味にあたり、大坂町奉行所与力を死罪にし、その他関係者の処罰を行って、この難事件を果断に処理した。大坂では小野に対して毀誉褒貶《きよほうへん》の評判があり、誹《そし》り貶《けな》す方が多かったという。

神沢は、小野は誰はばかることなく幕府の利益のために職務に精励した、悪く言う人も多いが、同心という低い身分から勘定奉行にまで上り詰めた人物であるから、「才力抜群」のうえ職務に専心した点で及ぶ者はいないと讃えている（以上「翁草《おきなぐさ》」『日本随筆大成』第三期）。批判も多く、また平賀源内の見方とやや異なる印象もあるが、勘定所役人として幕府利益のため職務に専心した並はずれた力量を偲ぶことができる。

†石谷清昌の履歴

石谷清昌《いしがやきよまさ》は、宝暦九年（一七五〇）一〇月から安永八年（一七七九）四月まで勘定奉行を務め、小野一吉とほぼ同時期の有能な勘定奉行と称された。正徳五年（一七一五）の生まれで、天明二年（一七八二）一一月に六八歳で亡くなった。父は清全《きよのり》。代々紀伊徳川家の家臣で、清全も藩主だった徳川吉宗に仕えていた。吉宗が将軍に就任すると、江戸に連れて来られ幕臣になった。幕臣としては、紀州藩出身の新参旗本だった。吉宗に随って幕臣になった元紀州藩士の多くは、まず将軍吉宗の側近になった。清全も小納戸を務め、知行五〇〇石を拝領した。ついで、御先手鉄砲組の頭となり、西丸御留守居に転じている。

清全のときに、それまでの名字を桑原から石谷に復したという。

清全たちは紀州藩出身の第一世代といわれ、その子の清昌らは第二世代にあたる。彼らは、吉宗の側近職から勘定所などに進出していくといわれる（深井雅海『徳川将軍政治権力の研究』吉川弘文館、一九九一年）。清昌は、享保一八年（一七三三）一二月に小納戸、元文五年（一七四〇）八月に小姓、というように吉宗の側近職を務め、延享元年（一七四四）一一月に家督を嗣いだ。

吉宗が将軍職を子の家重に譲り江戸城西丸に移ると、清昌も西丸務めになり、吉宗が亡くなると宝暦元年七月に非職《ひしょく》（役職なし）の寄合《よりあい》（本来は三〇〇〇石以上で非職の旗本のこと）になった。一年も経ない宝暦二年五月、西丸小十人組《こじゅうにんぐみ》の頭《かしら》になり、翌同三年三月に西丸目付、同六年正月に佐渡奉行、そして同九年一〇月に勘定奉行に就任した。なお、清昌の子清定《きよさだ》の妻は、田沼意次の妹（新見正則の妻）の娘であり、清定の子、清昌にとって孫の清豊《きよとよ》は、田沼意次の弟意誠《おきのぶ》の子で、養子に貰った。つまり、田沼意次とはかなり濃い姻戚関係にあった。これは、田沼家も石谷家もともに紀州藩出身の幕臣だったことも関係している。

†豪傑石谷清昌

幕末に勘定奉行を務めた能吏の川路聖謨《かわじとしあきら》は天保一三年（一八四二）五月（この時の川路は小普請奉行）、当時天保の改革を推進していた老中水野忠邦との会話のなかで、近年の老中の優劣に話が及び、川路は田沼意次を「よほどの豪傑」と高く評価した。その理由の一つが、石谷清昌を勘定奉行に取り立てて働かせたことだという。そして、石谷清昌の功績をつぎのように説明し、豪傑だったと語っている（川路聖謨「遊芸園随筆」『日本随筆大成』第一期第二三巻。現代語訳）。

世に優れたよい奉行で、現在に至るまで、佐渡奉行所も長崎奉行所も、そして勘定所も、石谷清昌が行ったこと、あるいは定めたことをより所にして運営している。そこから、石谷がいかに豪傑だったかを推測できる。その石谷を登用しそこまで働かせたのだから、田沼意次も正しく素直な豪傑の心を持っていたのだろう。

石谷は、宝暦六年正月から同九年一〇月まで約三年間佐渡奉行を務め、宝暦九年一〇月から安永八年（一七七九）四月まで約二一年間も勘定奉行を務めたが、そのうち宝暦一二年六月から明和七年まで長崎奉行を兼任した。石谷は、そのおのおのの職で、六〇〜七〇年後の天保一三年の時点でも、役所運営や政策の規範となっているほどの足跡を残したという。なお長崎奉行の兼任を免除された安永八年、その功績・労苦に報いる意味であろうか、知行三〇〇石を加増された（合計八〇〇石）。

川路聖謨は、佐渡奉行所、長崎奉行所、勘定所における石谷の功績、足跡を具体的に語っていないので、残念ながらどのような点なのかよくわからない。そこで、長崎奉行を兼任していたときの、長崎改革を取り上げてみよう。

†勘定奉行の長崎会所改革

勘定所は、田沼時代になるより前から、長崎会所と長崎貿易の改革に取り組んでいた（勘定所による長崎会所改革については、鈴木康子『長崎奉行の研究』思文閣出版、二〇〇七年による）。

幕府は、長崎貿易を担っていた長崎会所に、元禄一二年（一六九九）から長崎運上金を課し、享保八年（一七二三）に上納額を五万両に定めた。ところが、享保の飢饉や貿易の不振などがあって長崎会所の財政は苦しくなり、幕府は享保一八年、運上金を三万五〇〇〇両に減額し、寛保二年（一七四二）には廃止した。それどころか長崎会所は、幕府からの借金である拝借金によって貿易を維持する状態が続き、その拝借金の総額は、延享三年（一七四六）に二一万両余にまで膨れあがってしまった。長崎会所は、幕府財政を潤すどころか重荷になり、勘定所は長崎会所に改革のメスを入れた。

勘定所は、長崎会所への管理・統制を強め、勘定奉行松浦信正《まつらのぶまさ》が、寛延元年（一七四八）から宝暦二年（一七五二）まで長崎奉行を兼任する体制をとり、勘定所が長崎会所と長崎貿易に直接介入した。松浦のあと一〇年間ほど置かれなかった勘定奉行兼任の長崎奉行に、宝暦一二年に就任したのが石谷清昌だった。

松浦は、俵物《たわらもの》貿易の奨励により二一万両余の拝借金を一四年間で完済させる計画を立てさせ、毎年一万五〇〇〇両ずつ返済させた。石谷は、拝借金完済後も例格《れいかく》上納金という名目で、長崎会所から一万五〇〇〇両を年々上納させた。かつての五万両には及ばないものの、多額の長崎運上金を復活させ、幕府財政収入の増加に貢献した。

†石谷清昌と長崎貿易

長崎貿易は、一七世紀の後半以降その縮小が図られ、新井白石による正徳新例《しんれい》により決定的になった。その中心は、貿易総額の削減と主要な輸出品を銀から銅と俵物（煎海鼠《いりなまこ》・干鮑《ほしあわび》・鱶鰭《ふかのひれ》）へ転換させることだった。銀の産出量の激減とともに銀の輸出それ自体が、オランダ向けは寛文八（一六六八）年、朝鮮へは宝暦四年、中国へは宝暦一三年に禁止され、それに代わり銅が主要な輸出品になった。

幕府は、正徳新例により銅の年間輸出量を四五〇万斤と定めたが、この輸出銅の確保に苦心した。元禄一四年に大坂に銅座《どうざ》を設け、全国各地で産出する粗銅《あらどう》を大坂の問屋を使って買い上げ、大坂の銅吹屋《どうふきや》仲間に精錬させ輸出用の棹銅《さおどう》（棒状にした銅）にして長崎に送った。いくどかの改廃を経て、明和三年からは、国内で産出する銅をすべて買い上げる銅座を大坂に再設置し、しかも勘定所と長崎会所の役人が銅座に出向いて管理する、勘定所主導の仕組みを作った。

さまざまな対策を講じて銅産出量の増加を目論んだが、思うようには増えず、銅に代わる輸出品として俵物の増産が図られた。輸出用俵物を集荷するため、延享二年に長崎に俵物会所を設置するなどして独占的な俵物集荷機構を整備するとともに、明和二年には全国に俵物の生産を奨励し、輸出用俵物の確保を図った。銀の輸出を禁止した代わりに銅と俵物の輸出を推進し、そのために銅と俵物の独占的集荷体制を組み立てていった。

田沼時代の長崎貿易で注目すべきは、金・銀の輸入である。オランダ・中国から輸入された金銀は、唐金・唐銀と呼ばれた。唐金は、赤足金・九程金・八程金・西蔵金・安南金などで、唐銀は、元糸銀・足紋銀・花辺銀などであった。宝暦一三年から天明二年までに、中国商人から金八八貫四七四匁、銀六三七四貫七七二匁余など、かつて主要な輸出品だった銀を逆に輸入したのである。

幕府は、銀貨価値の下落対策として銀貨鋳造に着手したといわれる。明和二年から五匁銀、安永元年から良質な南鐐《なんりよう》二朱銀（南鐐とは美しい銀、良質の銀という意味）の鋳造を開始し、いずれも秤量《しようりよう》する必要のない計数貨幣であり、しかも後者は銀で金貨の価値を表示している。輸入銀は、この貨幣鋳造の原料として用いられた。この貨幣鋳造用の銀を輸入するためにも、輸出用の銅と俵物の確保が図られたのである。

中国とオランダから銀を輸入し、幕府は長崎会所に上納させて、それを原料として南鐐二朱銀などの銀貨を鋳造した。このように幕府は、長崎会所から例格運上金という名目の運上金を取り立てる一方、輸入した銀も上納させて多額の利益を上げた。長崎貿易を通した財政収入の増加策であった。石谷清昌の辣腕ぶりが偲ばれる。

石谷清昌は、徳川吉宗に随って江戸にきた紀州藩出身の新参旗本から勘定奉行に昇進した典型的な役人である。また、商品流通や金融に財源をみつけて課税していった、田沼時代の勘定所の財政政策を中心に担った奉行でもあった。しかも、田沼意次とかなり濃い姻戚関係をもっていた点でも、田沼時代を象徴する勘定奉行といえる。

†松本秀持の履歴

松本秀持《ひでもち》は、安永八年（一七七九）四月から天明六年（一七八六）閏一〇月まで約八年間、勘定奉行を務めた。秀持は、御目見得以下の御家人で富士見宝蔵番を務めた松本忠重の子であった。松本家は、代々、江戸城の天守を守衛する天守番を務めた御家人の家だった。

秀持も、享保一九年（一七三四）に家を嗣いで天守番を務めていたが、二八年後の宝暦一二年（一七六二）一二月、勘定所の勘定に取り立てられ、蔵米一〇〇俵五人扶持を支給され、御目見得以上の旗本の格式になった。明和三年（一七六六）一二月に勘定組頭、安永元年七月に勘定吟味役に昇進し、同八年四月に石谷清昌の後任として勘定奉行に就任した。それとともに、蔵米取りから五〇〇石の知行取りになった。同年一二月には従五位下伊豆守に叙任し、天明二年一一月、御三卿の一つ田安《たやす》家の家老も兼ね、役料として一〇〇俵を支給された。

田沼意次との関係では、意次の妾（神田橋お部屋様《へやさま》と呼ばれた女性）の仮親《かりおや》である千賀道隆《せんがどうりゅう》（町医者だったが幕府奥医師に登用された。意次の庇護によるか）の子を養子に貰っている。

松本秀持は、小野一吉と同じように、御目見得以下の御家人から御目見得以上の旗本に昇格し、勘定所の内部で昇進して勘定奉行に就任した。しかし、天明六年閏一〇月、勘定奉行を罷免され、五〇〇石の知行の半分、すなわち二五〇石を没収され、逼塞《ひっそく》を命じられた。翌年二月に逼塞を赦《ゆる》されたが、天明七年一二月に在職中の職務内容を咎められ、知行をさらに一〇〇石を没収されてふたたび逼塞を命じられた。天明六年閏一〇月五日の処罰は、田沼意次が二万石没収、江戸神田橋の上屋敷と大坂蔵屋敷の返上、そして謹慎を命じられたのと同日だった。つまり、御三家や一橋家の徳川治済《はるさだ》らの要求による、田沼意次とその協力者（田沼派）への処罰の一環である。翌年天明七年一二月の処罰は、寛政の改革を開始した老中松平定信らにより、一〇月に田沼意次が二万七〇〇〇石の没収と隠居謹慎の追罰を蒙ったのと関連している。

松本秀持は、田沼意次に引き立てられて勘定奉行に出世し、田沼時代後半の経済政策を担ったが、意次の失脚、処罰、追罰に連座する形で罷免され、失脚した。田沼意次自身と田沼政治への厳罰が、その協力者への厳しい処分をもたらしたのである。田沼時代の政治、とくにその経済政策に深く関わったことが、松本秀持の幕臣人生を左右したのである。

†「山師」的大開発政策

松本秀持が勘定奉行に昇任し、在職した期間は、田沼政治の後半期、とくに田沼意次が幕政の全権を握った時期にあたり、そのもとで大胆な政策が打ち出された。しかし、それが裏目に出て重要政策がことごとく行き詰まり、結局は立ち往生して田沼意次は失脚した。その大胆な政策とは、下総印旛沼の干拓工事、ロシア貿易と蝦夷地開発計画、全国御用金令と貸金会所計画である。

印旛沼干拓工事は、天明二年に工事実施が決定され、天明五年末に着工になり順調に進んだ。しかし、翌年七月の大風雨が利根川の洪水を引きおこして工事箇所を破壊し、八月に工事は中止された。三九〇〇町歩（約三九〇〇ヘクタール）の新田を造成することを目的とした大規模開発工事だった。提唱者は、現地の幕府代官宮村孫左衛門高豊《たかとよ》といわれ、工事資金は江戸と大坂の商人資本の導入が目論まれた。松本秀持が具体的にどのように関わったのかははっきりしないが、工事は勘定所により具体化されたので、その責任者として深い関わりがあったのではないか。

提唱した宮村孫左衛門は、蔵米二〇〇俵の宮村彦五郎の養子だが、その出自はよくわからない。勘定所の役人には、もともとどのような身分や階層から出た人物なのかよくわからない者がいるので、そのような人物の一人である。氏素性のよく分からない者が、印旛沼干拓のような大規模開発政策を立案し、勘定所の政策として採用されて実施にうつされ、見事に失敗に終わった。宮村高豊も、田沼時代に跋扈《ばっこ》した「山師」の一人だったか。

仙台藩の医師で蘭学者の工藤平助は、『赤蝦夷風説考《あかえぞふうせつこう》』を執筆して、ヨーロッパからアジアにまたがる大国ロシアが、蝦夷地で日本と境を接する隣国になっている事態を指摘した。さらに、放置すれば蝦夷地をロシアに奪われるので、その対策として蝦夷地を開発し、そこから産出する金銀でロシアと交易して日本の富国を図るべきだと提言した。この書を入手した田沼意次は強い関心を持ち、勘定奉行松本秀持に検討を命じた。松本は天明四年五月、工藤平助の提言に従い、蝦夷地の金銀銅山を開発し、それによりロシアと貿易をして利益を獲得する、というバラ色の政策案をまとめて調査団の派遣を決めた。

調査の結果、期待した蝦夷地の金銀鉱山は見つからず、ロシア貿易も見込んだほどではないことがわかり、結局、一一六万町歩（当面の石高は五八三万石と見積もられた）もの蝦夷地新田開発策に転換し、開発を短時日で完成させるという、かなり荒唐無稽、「山師」的とも言えるような計画になってしまった。当然のことながら、田沼意次の失脚とともに中止となった。

†田沼時代の財政経済政策の意義

田沼時代の勘定奉行・勘定所は、緊縮による財政支出削減と年貢増徴策による財政収入増加を柱とした享保期の財政運営が行き詰まったのを受け、財政緊縮策を引き継いで財政支出の削減をはかるとともに、年貢増徴以外の策をあれこれ試みた。支出削減策としては、諸役所に予算制度を導入して役所経費の削減を図ったこと、禁裏財政にまでメスを入れて支出増加に歯止めをかけたこと、大名らへ拝借金を制限したこと、倹約令をしばしば出して支出の抑制をはかったことなどがあげられる。

年貢以外の財政収入増加策としては、発達してきた商品生産・流通および金融に財源を見出そうとしたことに歴史的な意義がある。それは、都市農村を問わず、各種の業者仲間に営業上の特権を付与して株仲間を公認し、見返りに冥加金を上納させたこと、かなり零細な商品（特産品）生産にまで運上を課したこと、民間から出願のあった各種事業の請負業務を許可し、その見返りに多額の冥加金を上納させたこと、各種御用金などを活用して金融から利益を上げようしたこと、長崎貿易と長崎会所の改革により多額の「長崎運上金」を復活させたことなどがあげられる。

「胡麻の油と百姓は絞れば絞るほど出るもの」という享保期の年貢増徴策から、「御益と号して国民の金銀をかすめ、今度また融通と号して戸別に課役をとる」（今出川実種「実種公記」）「御益と号し、聚斂《しゅうれん》をもって御為の御奉公と存じ」（「植崎九八郎上書」）という田沼時代の運上・冥加金賦課、年貢外増税路線への転換であった。各種事業の請負では、幕府がそれまでの利害関係者の調整、合意を重視してきた行政から逸脱し、強引に推し進めた時は大規模な騒動を引きおこしてしまった。

田沼時代の勘定奉行は、幕府財政政策という面からみると、元禄時代、およびのちに取り上げる文政から天保期のように貨幣改鋳からの利益に頼らない、また享保の改革のように年貢増徴に頼らない、さらに寛政から文化期のように財政緊縮だけに頼らない、さまざまな商品生産や流通に広く薄く課税し、金融からも利益を引き出す、さらには蝦夷地開発とロシア貿易、印旛沼開発などの大規模開発、全国御用金令による幕府の政策銀行ともいうべき貸金会所など、大胆な政策による財政運営を試みた。

大胆な政策はことごとく失敗に終わったが、前後の時期と比較して、勘定所がさまざまな経済財政策を立案し、試みたという点では特色のある時代だった。しかも、小野一吉や松本秀持のような御目見得以下の出自から勘定奉行に上りつめた奉行が活躍した時代でもあった。

寛政の改革期とそれ以降は、緊縮による財政運営が続けられたが、それが行き詰まると文政初年（一八一八）から貨幣改鋳を開始し、巨額な益金で財政を運営することが再び始まった。そして、結局は貨幣改鋳政策が幕府解体まで続けられることになった。

第六章

深まる財政危機――文政・天保期の際限なき貨幣改鋳

1 幕府財政政策の転換

†寛政〜文化期の幕府財政

天明七年(一七八七)六月に老中に就任した松平定信は、勘定奉行から、天明の飢饉と天明六年八月に亡くなった将軍家治《いえはる》の葬儀のため来年は百万両も財政不足になる、補塡するには豪商らに御用金を命じるしかない、と告げられたという。同僚の老中に伝えたところ、みな真っ青になったという（「宇下人言」『宇下人言・修行録』岩波文庫）。

松平定信が調べたところ、元禄時代から天明七年までの間でもっとも幕府の金庫が充実していたのは、明和年間（一七六四〜七二）だった。明和七年の年末時点で、江戸・大坂の御金蔵などに金三〇〇万四一〇〇両も保有されていた。つぎの安永年間にかけても維持されていたものの、天明八年には八一万七二〇〇両に減っていた（『誠斎雑記』江戸叢書九）。

財政危機対策として松平定信が採用したのは、財政支出を削減させる財政緊縮策だった。天明七年八月に発令した三か年間倹約令を手始めに、寛政元年九月に三か年間倹約令、寛政六年一〇月に一〇か年間倹約令と、倹約令を頻発した。

定信が削減すべき対象としてあげたのは、寛永寺・増上寺など徳川将軍家の菩提所と大奥、さらに幕府各役所の経費だった（「宇下人言」）。とくに大奥経費の削減は、享保一五年（一七三〇）と天明八年（一七八八）を比較すると、「女中合力・比丘尼《びくに》衆惣女中切米《きりまい》扶持」（米方）が五〇パーセント削減、金方歳出が七〇パーセント削減という徹底したものだった。役所経費は、享保期の水準に抑えるとともにさらなる削減を求めた。財政収入を増やす策は、負担を大名等に転嫁することにあった（飯島千秋『江戸幕府財政の研究』吉川弘文館、二〇〇四年）。

このような財政緊縮策は松平定信が老中を辞職した後も、「寛政の遺老《いろう》」と称される老中たちにより引き継がれ、文化三年（一八〇六）一〇月に三か年倹約令、文化八年一二月に五か年倹約令と断続的に倹約令が発令された。財政緊縮により収支の均衡を図ろうとする策である。寛政から文化期の財政経済政策は、緊縮により財政収支の均衡を図ることを基本とし、批判の強かった運上・冥加金や請負事業の一部を撤回したが、基本的には田沼時代を引き継ぎ、独自の積極的な増収策をみることはできない。

この文化年間（一八〇四〜一八年）の幕府財政の実情について、金座御金改役《おかねあらためやく》として文政から天保期（一八一八〜四四年）の文政・天保貨幣改鋳を担った後藤三右衛門光亨《みつあきら》は、天保一三年（月日不詳。一八四二年）に老中水野忠邦の諮問に応えた内密伺書《うかがいしょ》のなかで、次のように書いている（「後藤家記録」東京大学史料編纂所蔵。現代語訳）。

文化初年の牧野忠精《ただきよ》が老中の始め頃は、年貢収納分で財政のやり繰りができたが、その半ば頃から困難になった。年貢と年貢外収入をあわせた金一〇〇万両ほどの財政収入では不足するようになった。その頃から、将軍徳川家斉《いえなり》に関わる支出が増加し、さらに世間一般に華美の風俗が流行したため支出が増加した。

牧野忠精は、享和《きょうわ》元年（一八〇一）に老中に就任し、文化三年（一八〇六）に幕府財政を担当する「勝手掛」になり、文化一三年に辞職しているので、その前半は年貢収入分で財政のやり繰りができたものの、その後半には財政運営が困難な状態におちいったらしい。後藤はその原因について、徳川家斉《いえなり》に関わる支出が増大したことと、華美な風俗の流行によると指摘する。

家斉関係の支出増加とは、家斉の多数の子女の縁組みが続いたことを指している。そのほか、寛政一一年から始め、文化四年には蝦夷地《えぞち》すべて（カラフトまで含む）を上知《じょうち》して幕府が支配をする蝦夷地直轄政策をとったことなど、政策的経費の増大もある。いずれにしても、支出の増加により財政収支の均衡は崩れてしまった。

†文政の貨幣改鋳策採用

膨らむ財政支出をいかに賄うのか、勘定所がとった政策は、緊縮策による財政の均衡ではなく、収入不足を補填するための貨幣改鋳策だった。

後藤三右衛門は、そのあたりの事情を先の内密伺書のなかで次のように書いている。

文政初年の水野忠成《ただあきら》が老中の頃には、さらに支出が増加して財政運営は困難になった。水野忠成から後藤に極秘で指示があり、後藤は二分判《にぶばん》の新規鋳造と元文金銀を文政金銀に改鋳する貨幣改鋳計画を内々で上申した。一年に約三〇万両を目当てに益金を幕府に上納し、それにより財政収入の不足を補塡するという主旨だった。

水野忠成が、文政元年（一八一八）に老中格《かく》に就任し財政担当の「勝手掛」になった頃は、ますます支出が増大して収支の均衡が崩れ、もはや財政運営は困難になった。後藤は水野忠成の指示を受けて、貨幣の新規鋳造と元文金銀の改鋳による益金で収入を増やす計画を立てた。益金の目標金額は約三〇万両だった。

†緊縮財政から積極財政へ

幕府は文政元年四月、三か年倹約令を出すとともに、「真文二分《しんぶんにぶ》」と呼ばれる文政二分判（一両の半分にあたる）の鋳造を開始した。これが、これ以降相次いで行われる文政の貨幣改鋳の始まりだった。それは同時に、財政緊縮策から貨幣改鋳による積極財政への転換を意味し、幕府政治が大きく転換することを象徴する政策でもあった。

この政策転換の背景には、①老中の交代、②勘定所による金座・銀座の直接管理、③御金改役後藤三右衛門光亨の存在、以上の三点をとりあえずあげることができる。

老中松平信明《のぶあきら》が文化一四年（一八一七）八月、死去した。松平信明は、三河吉田（愛知県豊橋市）藩主で、天明八年四月に側用人《そばようにん》から老中に就任して享和三年（一八〇三）一二月まで在職し、病気を理由に辞職した。しかし、文化三年五月に老中に返り咲き、死去するまで務めた。松平信明は、松平定信が老中に就任する以前から、道徳や政治について親しく語り合い、「刎頸《ふんけい》の交わり」をした大名の一人だった（「宇下人言」）。「刎頸の交わり」とは、友人のためなら、たとえ、くびを斬られても後悔しないほどの真実の交友、生死を共にする親しい交際、と『広辞苑』にある。相互に信頼の厚い関係だったことから、定信が寛政の改革に着手すると天明八年二月に側用人に登用され、二か月足らずで老中に昇進した。そして寛政の改革に協力し、定信辞職後は、「寛政の遺老」として幕府政治を担った。緊縮財政策を引き継ぎ、金座や銀座からしばしば収入不足を補塡するための貨幣改鋳の提言があっても、「金銀を悪くして国用（国家の費用）を済《すく》う（解決する）は国家の恥辱」と言ってこれを許さなかったという（徳富猪一郎『近世日本国民史　文化文政時代』民友社、一九二八年）。貨幣の質を悪くする、つまり貨幣改鋳により国家の財政危機を解決しようとする策は国家の恥だ、つまり貨幣の品位と落とすことは、国家の品位を落とすことになる、というのである。これでは、貨幣改鋳策は採用されるわけがない。

すでに述べたように、松平信明は文化一四年八月に老中在職のまま亡くなった。これと入れ替わるように、同年八月、駿河沼津《するが》（静岡県沼津市）藩主で西丸側用人の水野忠成が老中格となり、翌年文政元年八月に老中に就任した。しかも、幕府財政を担当する勝手掛になった。これが大きかった。水野忠成は、三〇〇〇石の旗本、岡野知暁《ともさと》の二男として生まれ、二〇〇〇石の旗本水野忠隣《ただちか》の養子になった。将軍徳川家斉がまだ世子《せいし》として西丸にいる時に小姓になり、天明六年に家斉が将軍になると本丸に移り、篤い信任を獲得した。家斉に頭痛が起こったときに治せるのは忠成だけだった、という逸話が残っている（「藩秘録」『丕揚録《ひようろく》・公徳弁《こうとくべん》・藩秘録《はんひろく》』日本史料選書）。真偽のほどはさておき、家斉と忠成の親密な関係を窺うことができる。

天明六年には、沼津藩主で老中の水野忠友《ただとも》の婿養子になった。なお、水野忠友は、田沼意次の二男忠徳《ただのり》（のち意正《おきまさ》と改めた）を婿養子にしていたが、意次が失脚するや離縁し、忠成を婿養子に迎えたのである。忠成は将軍家斉の信任を背景にして、奏者番《そうじやばん》、寺社奉行、若年寄と累進し、世子徳川家慶《いえよし》（のち一二代将軍）の側用人、そして文化一四年八月に老中格、翌年老中とのぼりつめた。

水野忠成は、「水の（忠成）出て、もとの田沼（意次）になりにける」と言われたほど、田沼意次とならぶ江戸時代のワイロ政治家の代名詞のような人物とされる。贈収賄に関する噂は枚挙に暇がない。松平信明に代わり将軍家斉の信任の厚い水野忠成が老中就任したことが、政策転換にとって大きな意味を持っていた。

†勘定所による金・銀座管理

幕府は寛政一二年六月、銀座役人五一人を免職するという大量粛清を断行し、七月には銀座の責任者（銀吹極《ぎんふききめ》・銀改役）を世襲してきた大黒長左衛門（大黒常是《だいこくじょうぜ》）も追放するという大鉈《おおなた》をふるった。これほどの大量粛清をしては銀貨を鋳造できなくなることから、六月二八日に免職処分した者のうちから一五人を改めて銀座役人に取り立てた。さらに、大黒長左衛門の地位（大黒常是）には、京都銀座の責任者である大黒作右衛門を江戸に呼んで就《つ》かせた。

勘定奉行は、新規の銀座役人のなかから新たに任命された銀座年寄役に対し、「銀座人共一統不埒《ふらち》の儀これあり、お咎《とが》め仰《おお》せ付けられ、断絶のことに候らえども、慶長以来連綿いたし候ことにつき、新たに銀座名目御立て下され候あいだ」と申し渡している。つまり、銀座は寛政一二年六月にお咎めにより断絶になった、しかし、慶長以来ずっと続いてきた由緒もあるので、新たに銀座の名目を立てた、という主旨である。慶長以来の銀座は廃止され、銀座の名前だけ復活させるという意味で、名は同じでもまったく新しい銀貨鋳造機関を作ったということである。

新規に銀座役人を取り立てたさい、「その方ども、新たに銀座役人申し付け候あいだ、諸事申し合わせ、念を入れ相勤め申すべし、尤も江戸座方は御勘定付け置かる」とも申し渡している。すでに説明したように、勘定所の職制は〈奉行―組頭―勘定―支配勘定〉であり、そのなかの「勘定」が銀座に配置される。勘定所役人である勘定が配置され、常駐して銀座を監督・管理するという意味である。銀座の研究者として著名な田谷博吉氏は、この措置を「公儀の銀座役所」と表現された（以上、田谷博吉『近世銀座の研究』吉川弘文館、一九六三年による）。幕府から銀貨の鋳造を請け負う銀座ではなく、銀貨を鋳造する幕府の一役所としての銀座に変化した、という主旨である。幕府が、具体的には勘定奉行が銀貨鋳造を直轄した、とも言える。

†金座御金改役・後藤三右衛門光亨

幕府は金貨を鋳造してきた金座に対しても寛政三年、寛政の改革の一環で多数の金座役人を免職にした。さらに、文化七年に御金改役を江戸時代初めから世襲し、金座を主宰してきた一一代目後藤庄三郎光包《みつかね》を咎め、伊豆の三宅島へ流罪に処して後藤庄三郎家を断絶させた。その跡に、初代後藤庄三郎光次《みつつぐ》の養子の子孫であり銀座年寄役を務めていた後藤三右衛門孝之（のち方至と改名）を据えた。この孝之が、御金改役後藤三右衛門家の初代となった。幕初以来の後藤庄三郎家を断絶させることにより、幕府は金座に対しても介入の度を強めたのである。

後藤三右衛門孝之の婿養子になり、二代目御金改役後藤三右衛門になったのが光亨《みつあきら》である。光亨は、信濃飯田《しなのいいだ》（長野県飯田市）の商人林弥七の四男で、後藤家の婿養子に入った人物である。文化一一年に孝之が亡くなり、光亨は文化一三年一二月に家督を嗣ぎ、二代目御金改役後藤三右衛門になった。光亨は、文政から天保へと続く貨幣改鋳を担って幕府の財政運営に深く協力することになった。文政初年から始まる幕府の貨幣改鋳を語るうえで欠くことのできない人物であり、この光亨の登場も重要だった。

老中松平信明が死去し水野忠成が老中に就任したこと、幕府が銀座を直轄し金座への統制・管理を強化したこと、そしてその金座の御金改役に後藤三右衛門光亨が就いたこと、この三点が文政以降の貨幣改鋳にとって重要な背景になった。

2 文政貨幣改鋳——品位を落とした貨幣

†勘定奉行の貨幣改鋳提案

勘定奉行の服部貞勝《はっとりさだかつ》と古川氏清《ふるかわうじきよ》は連名で文化一四年（一八一七）九月、「御繰《く》り合わせの儀につき取り調べ候趣《おもむき》申し上げ候書付」（『誠斎雑記』江戸叢書九）という表題の重要な上申書を老中に提出した。服部貞勝は文化一三年五月に松前《まつまえ》奉行から、古川氏清は同年八月に御広敷御用人から勘定奉行に昇進したので、上申書を差し出した頃はまだ新任の勘定奉行と言ってもよい。他方で、天明八年（一七八八）九月から約三〇年間も勘定奉行を務めた柳生久通《やぎゅうひさみち》が、文化一四年二月に転任になった。寛政の改革から文化年間の幕府財政運営を担当した柳生の転任は、老中松平信明の死去による退任とともに、幕府経済政策の転換を暗示するような人事の異動だった。

服部と古川が提出した上申書は、幕府財政のやり繰りについて調べたことを申し上げます、という主旨の文書である。両名は、幕府御金蔵の現在高の推移を田沼時代からたどり、明和七年（一七七〇）に三〇〇万四一〇〇両もあったものが、天明八年には八一万七二〇〇両まで減少し、寛政の改革の財政緊縮政策により寛政一〇年（一七九八）には一〇七万九七〇〇両まで回復したものの、臨時的な支出が相次いだため、文化一三年には七二万三八〇〇両にまで減少したという経過を説明する。それは、危機的な水準だった天明八年よりも少ないという、幕府財政が直面している厳しい現実を提示したのである。それを踏まえて、財政のやり繰りができなくなる可能性があるうえ、この後もし臨時的な支出があれば尚更できなくなると結論づけている。

この上申書から、文化年間は大幅な財政赤字をそれまでの蓄え金を少しずつ取り崩して補塡することによって財政運営してきたことが窺える。上申書には、対応策として貨幣改鋳策の採用が露骨に提案されているわけではないものの、貨幣改鋳に踏み切る有力な根拠づけになったのである。この上申書は、貨幣改鋳策を採用するために提出された基礎資料の可能性が強い。

†文政の貨幣改鋳の開始

幕府は、勘定奉行の上申書の提出からわずか七か月後の文政元年(一八一八)四月、真文二分金の新規鋳造を触れ、六月から通用を開始した。これが、改鋳の皮切りだった(『御触書天保集成』五九六一・五九六二号)。文政から天保へと連続する貨幣改鋳は、文政元年から天保三年(一八三二)までが文政貨幣改鋳としてひとまとまりであり、天保八年から始まる改鋳が天保改鋳として区分される(田谷博吉『近世銀座の研究』)。

文政元年の真文二分金の後、文政二年六月に文政小判(草文《そうぶん》小判)と文政一分金(草文一分金)(『御触書天保集成』五九六八号)、文政三年六月に文政丁銀・小玉銀(草文字銀・新文字銀《ぶんじ》)(同前五九七一号)、文政七年二月に文政二朱銀(文政南鐐・小南鐐)、同年五月に文

政一朱金（角形一朱金）（同前五九七八・五九八一号）、文政一一年七月に草文二分金（草字《そうじ》二分金）（同前五九九〇号）、文政一二年六月に文政一朱金（古一朱金）（同前五九九四号）、天保三年一〇月に天保二朱金（古二朱金）の鋳造を触れ（同前六〇〇二号）、相次いで貨幣の改鋳と新鋳を行っていった。

　幕府は、真文二分金を新規に鋳造する理由を、文政元年五月の触書の中で説明している（同前五八六二号）。小判（元文小判のこと）を長年使ってきたために「瑕金《きずかね》」（傷んだ小判）が多くなり、人びとが難儀しているので二分金を新しく鋳造する、と説明する。たしかに、金銀貨も長く通用していると疵がついたり、ひびが入ったりする。傷んだ小判と新しく鋳造した貨幣を交換するという、一見するともっともらしい説明である。

　文政二年に鋳造した文政小判と一分金については、「瑕金」が多くなったので、新規に鋳造するにあたり「瑕」がつかないように目方は同じだが厚めに鋳造する、とも言っている（同前五九六八号）。もちろん、真の理由は別のところにあった。

†文政小判などの内実

　改鋳の対象となった金銀貨は、元文金銀である。【表2】と【表3】をみながら、元文金銀と文政金銀とを比較してみよう。

表２　文政金銀発行表

	鋳造期間（通用停止年）	定量（匁）	金：銀（千分中）	鋳造高
真文二分金	文政元〜11（天保6）	1.750	564.1：435.9	298万6022両
文政小判	文政2〜11（天保13）	3.500	564.1：435.9	1104万3360両*
文政一分金	文政2〜11（天保13）	0.875	564.1：435.9	
文政丁銀**	文政3〜天保8（天保13）		360.0	22万4981貫
文政二朱銀	文政7〜天保元（天保13）	2.000	上銀	758万7000両
文政一朱金	文政7〜天保3（天保11）	0.375	120.5：879.5	292万192両
草文二分金	文政11〜天保3（天保13）	1.750	488.9：511.1	203万3061両
文政一朱銀	文政12〜天保8（天保13）	0.700	上銀	874万4500両
天保二朱金	天保3〜安政5（慶応2）	0.4375	293.3：706.6	1288万3700両

註：* は小判と一分金の合計。** は小玉銀を含む

元文小判を鋳つぶして鋳造したのが文政小判である。元文小判と文政小判は、重さは三・五匁と同じであるが、小判としての品位（小判に含まれる金の割合のこと）は、元文小判が千分比で六五七・一、文政小判が五六四・一なので、約一四・二パーセント減っている。つまり金貨としての価値は、約一四・二パーセント下がっている。元文一分金と文政一分金も、重さと品位の関係が小判と同じである。この文政小判と一分金を合わせた鋳造高は、金一一〇四万両という巨額にのぼった。

表3　慶長・元禄・正徳・元文金銀発行表

	定量（匁）	金：銀（千分中）	鋳造高
慶長小判	4.760	867.9：132.1	1472万7055両*
一分金	1.190	同上	
丁銀・小玉銀		800.0	1200万貫
元禄小判	4.760	573.7：426.3	1393万6220両*
一分金	1.190	同上	
丁銀・小玉銀		640.0	40万5850貫
宝永小判	2.500	842.9：157.1	1151万5500両*
一分金	0.625	同上	
丁銀・小玉銀		500.0	27万8130貫
三つ宝丁銀		320.0	37万0487貫
正徳四つ宝丁銀		200.0	40万1240貫
小判	4.760	842.9：157.1	21万3500両*
一分金	1.190	同上	
丁銀・小玉銀		800.0	33万1420貫
元文小判	3.500	657.1：342.9	1743万5711両*
一分金	0.875	同上	
丁銀・小玉銀		460.0	52万5465貫

註：＊は小判と一分金の合計

人びとが、元文小判や元文一分金を後藤三右衛門の金座役所（江戸本町一丁目の金座）や三井組為替御用取扱所（駿河町の三井）など一二か所に持って行くと、文政小判や文政一分金と引き替えてくれる。たとえば元文小判一〇〇両（枚）を持っていくと、文政小判七〇両（七〇枚）と文政一分金三〇両分（一二〇枚）に替えてくれる。元文小判金一〇〇両が、文政小判と一分金で金一〇〇両と交換されるのである。元文一分金を持って行っても、同じ割合（小判七割、一分金三割）で渡されるという仕組みである（『御触書天保集成』五九五九号）。つまり、元文金一〇〇両は文政金一〇〇両分と交換されるのである。

ここで重要なのは、元文小判一枚を文政小判一枚と、あるいは元文一分金一枚を文政一分一金一枚と引き替えることにある。品位が約一四・二パーセント減っている、つまり約一四・二パーセント価値が下がっているにもかかわらず、額面通りに一両小判、一分金を引き替えるのである。その差額こそが、幕府の利益（「出目《でめ》」）になる。

悪鋳された新貨幣と旧貨幣とを額面通り一対一で交換するやり方は、「等価交換」方式とよばれる。それに対して、金銀含有量の差異などを考慮して割増金をつけるやり方は、「増分《ましぶ》交換」方式とよばれる。文政貨幣改鋳は「等価交換」方式で行われ、元文貨幣改鋳は「増分交換」方式だった。慶長金銀と同品位の正徳金銀の品位を落として鋳造された元文金銀の場合、正徳金銀と交換するさい、価値の下落分を「増分」という補塡により埋め合わせたので、幕府側には利益（出目）はなかった。ここから、文政貨幣改鋳そして次の天保貨幣改鋳は、元文貨幣改鋳と異なり、元禄貨幣改鋳と同じく改鋳利益を目的とした改鋳だったことが明かだろう。

文政元年から鋳造した真文二分金は、二分判《ばん》というまったく新しい金貨だが、品位は文政小判、一分金と同じなので約一四・二パーセント価値が下がっている。同じ二分金でも文政一一年から鋳造した草文二分金は、品位が千分比で四八八・九なので、さらに二五・

六パーセントも価値を下げている。

文政七年から鋳造した文政一朱金も、それまでなかった新規の金貨だった。品位は金が千分比で一二〇・五と極端に低いが、目方は一枚〇・三七五匁、一六枚で一両になるので、一両分に換算すると六匁になり、文政小判一枚の目方三・五匁よりかなり重い。しかし、含まれる金の量でみると、文政小判一枚は一・九七四匁なのに対して、文政一朱金一六枚は〇・七二三匁にすぎず、文政小判の三六・六パーセントの金しか含まれてない。元文小判一枚の金の量二・二九九匁と較べると、三一・四四パーセントの金しかない。つまり、元文小判一枚から文政小判三枚分作ることができる計算になる。重いだけで中身がない。江戸時代を通じて、金貨としては無類の悪貨で、「銀台《ぎんだい》の似《に》せ小判」に等しいため、大坂では引替えに来る者がいないありさまだったという（田谷博吉『近世銀座の研究』）。そのためか、鋳造高は金二九二万両にとどまり、天保三年に鋳造停止になった。

不人気の文政一朱金に代わって、天保三年から少し品位を高めた天保二朱金が鋳造された。一枚の目方は〇・四三七五匁で、一六枚（一両）で三・五匁になり、元文・文政小判一枚分の重さになる。しかし、品位は金が千分比で二九三・三なので、天保二朱金八枚（金一両分）の金の量は一・〇二六五五匁になり、文政小判一枚の一・九七四匁に較べて五二パーセント、元文小判一枚の二・二九九九匁に較べると四四・六パーセントしかない。

つまり天保二朱金は、元文小判一枚から文政小判二枚以上を作ることができる計算になる。しかも、鋳造高は金一二八八万両余という巨額だった。

文政銀の鋳造

丁銀《ちょうぎん》は、なまこ型で四三匁前後の重さに鋳造され、小玉銀《こだま》(豆板銀・小粒ともよばれる)は豆粒状で一匁から一〇匁位の重さに鋳造され、丁銀の補助貨幣として用いられた。いずれもいちいち秤で量って用いることから、秤量貨幣《しょうりょうかへい》とよばれる。

幕府は文政三年六月、文政丁銀・小玉銀の鋳造を触れ出した。幕府は鋳造する理由を、元文丁銀・豆板銀は金貨と同じように、長い間に折れたり焼けたり錆びたりしている銀貨や、「大黒常是」の「極印《ごくいん》」が不鮮明になったりしている銀貨もあるから、と触書で説明している(『御触書天保集成』五九七一号)。人びとは、元文丁銀・小玉銀を持って江戸蠣殻《かきがら》町にある銀座や駿河町の三井など六か所に行って、文政丁銀・小玉銀と引き替えることになる(同前五九七二号)。

鋳造する原料の銀は、最初は(古い銀貨との引替えが始まる前)幕府の奥金蔵や大坂金蔵から提供された丁銀などだったという。文政丁銀・小玉銀と元文丁銀・小玉銀との引替えが始まれば、元文丁銀などを吹き直して文政丁銀などが鋳造される。

元文丁銀・豆板銀の品位（銀貨に含まれる銀の割合）は千分比で四六〇・〇、慶長丁銀・豆板銀と正徳丁銀・豆板銀の品位である千分比で八〇〇・〇に比較すれば半分に近いが、文政丁銀・豆板銀は三六〇・〇で、元文丁銀と較べて二一・七パーセントほど品位が下がっている。慶長や正徳のそれと較べると、四六パーセントも低い。銀貨の引替えも量目で行われたので（重さが同じならば同量で交換）、その差額が幕府の利益（「出目」）になった。

また、銀貨だが金貨との交換価値を表示した「銀を素材とする金貨」（金貨代用貨幣）である二朱銀という、計数貨幣《けいすうかへい》（いちいちはかって使う秤量貨幣と異なり、表面に一定の価値を表示した貨幣）には、明和九年の南鐐《なんりょう》（明和）二朱銀、文政七年の文政二朱銀、安政六年の安政二朱銀がある。貨幣の分類としては、金貨である。南鐐とは、銀の美しいもの、良質のものという意味のことだから、銀の純度が九六パーセントという、まさに良質の銀だった。明和九年の南鐐二朱銀の裏には、「南鐐八片《へん》を以《もっ》て小判一両に換《か》う」と刻され、八枚は一六朱にあたるので金一両と交換できる。明和二朱銀は一枚の目方が二・七匁、一両分（八枚）で約二一・六匁になる。当時の金貨と銀貨の両替は、金一両が銀六〇匁に相当したので（時の相場により変動する）、明和二朱銀では金一両分が銀二一・六匁ほどに相当し、金貨銀貨の両替価値からすると厳密には釣り合わない。

文政二朱銀は、銀の品位が「上銀」とされているので「南鐐」以上の銀であるが、目方は一枚が二匁しかない。文政二朱銀八枚（金一両に相当）は、銀一六匁になり、金貨との関係ではますます釣り合わない。文政一二年から鋳造した文政一朱銀は、品位は「上銀」だが、一枚の目方は〇・七匁なので、一六枚（金一両に相当）は銀一一・二匁にしかならない。これもまた、その差額が幕府の利益になったのである。

相対的に良質な元文金銀を質の劣る文政金銀と額面通りに引き替えるのだから、引替えを嫌がったりためらったりするのが人情である。幕府は、元文金銀などの古金銀を回収できなければ、原料不足により文政金銀の鋳造が進まない。そこで、引替期限の延長（古金銀の通用停止期限の延長でもある）を繰り返した。さらに古金銀の引替え・回収を促進するため、多額に引き替える、しかも少し遠い所からやってくる者を対象にして、「道中諸入用」（交通費など）を支給する優遇措置まで講じている。

幕府は文政七年（一八二四）閏八月、金銀座や引替所まで道法《みちのり》五里以上の距離に住む者が、金貨なら一度に五〇〇両以上、銀貨なら一度に一〇貫目以上を引き替える場合、引替金額一〇〇両につき銀五分、銀一貫目につき銀三分を、往復里数と金銀高に応じて支給する、という特典を設けた（『御触書天保集成』五九八三号）。たとえば、金銀座から五里離れた所に住んでいる者が、金五〇〇両を引き替えたとすると、金一〇〇両につき一里銀五分の計算なので、金一〇〇両で銀二・五匁になり、引替額が五〇〇両なので銀一二・五匁が支給されることになる。なお、天保二年（一八三一）一〇月には、金五〇〇両、銀一〇貫目以上という金額の制限を取り払い、少額でも里数と金額に応じて交通費を支給すると触れている（同前六〇〇一号）。

天保八年から大規模な天保金銀の鋳造を始めるため、その原資となる古金銀貨の回収を急ピッチで進める必要があった。そこで天保八年七月から、道法に関係なく古金一〇〇両につき金一〇両を「御手当」として支給することになった（同前六〇二四号）。たとえば金五〇〇両持って行けば、なんと金五〇両くれる。幕府は、一〇パーセントもの割増金プレミアをつけて古金を回収しようとした。

3 天保の貨幣改鋳と幕府財政——際限なき貨幣改鋳

†天保小判・一分金の鋳造

幕府は天保八年（一八三七）七月、五両判、天保小判、天保一分金の三種の金貨鋳造を一度に触れ出し、それと同時に、文政二分金（草文二分金）と一朱金の通用停止を予告した（『御触書天保集成』六〇二五号）。天保の貨幣改鋳が本格的に始まった。【表4】は、天保八年から始まる天保金銀、および天保六年からの天保通宝《つうほう》の鋳造期間、通用停止年、定量、品位（含まれる金銀の割合の千分比）、そして鋳造高である。

幕府は五両判を鋳造するにあたり天保八年七月、「最上の位に吹き改める」のは難しいので「慶長金位」で新規に鋳造する、と触れた（同前）。たしかに【表4】でわかるように、五両判の品位は千分比で八四二・九であり、慶長小判の品位の千分比八六七・九に近い。しかし、五両判の目方は九匁、慶長小判一枚の目方は四・七六匁なので慶長小判五枚（これで五両になり、五両判と同じ額になる）の目方は二三・八匁になる。天保五両判に含まれる金の目方は、慶長小判五両分の三七・八パーセントしかない。品位は慶長小判に近い、しかし目方は三分の一ちょっとしかない。品位は落とさないが、量目を軽くした貨幣の鋳造だった。

同じ触書のなかで、小判と一分金の鋳造も触れた。これも「位を上げ」、つまり品位を上げて鋳造するが、それでは鋳造量が減って不便になるので、「世上通融《つうゆう》金相増し候ため」、つまり貨幣の流通量を増やすため、一両につき目方を「五分《ふん》」（分は尺貫法《しやつかんほう》で一匁の十分の一）減らすとも触れている（同前）。【表4】をみると、天保小判・一分金の品位は千分比で五六七・七、文政小判・一分金が五六四・一なので、千分比でわずか三・六品位をあげている。「位を上げ」と言えるとは、到底思えない数字である。さらに、目方は、文政小

表4　天保金銀鋳造表

	鋳造期間（通用停止）	定量（匁）	金：銀（千分比）	鋳造高
五両判	8〜14（安政3）	9.000	842.9：157.1	17万2275両
天保小判	8〜安政5（明治7）	3.000	567.7：432.3	812万0450両*
天保一分金	同上	0.750	同上	
天保丁銀・豆板銀	同上		260.0	18万2108貫
天保一分銀	8〜安政元（明治7）	2.300	上銀	1972万9139両
天保大判	9〜万延元（万延元）	44.100	676.9	1887枚
天保通宝	6〜明治3（明治24）	5.500		4億8480万4054枚

註・鋳造高欄の＊は、天保小判と一分金の合計

判が三・五匁、天保小判は三・〇匁なので、たしかに「五分」つまり〇・五匁減っている。品位の方は千分の三・六というかすかな改善だったが、目方の方はしっかり一四・七パーセントも減らしたのである。この一四・七パーセント軽くした天保小判と一分金を、八一二万両も鋳造した。これも、品位は落とさず目方を軽くした貨幣の鋳造だった。

†天保銀貨の鋳造

ついで天保八年一〇月、天保一分銀と天保丁銀・小玉銀の鋳造も触れ、同時に、七五八万両余も鋳造した文政二朱銀の通用停止を予告した（『幕末御触書集成』四〇八三号）。

銀で作られた金貨の一分金（一両の四分の一）に相当する天保一分銀は、初めての鋳造である。触書では、「位最上の銀をもって新規一歩《ぶ》（分）銀吹き立て」と記され、最上の銀で新規に鋳造すると触れたのである。最上の銀とは「南鐐」よりも良質な純銀である「花降銀《はなふりぎん》」のことで、【表4】では「上銀」と表記されている。一分銀一枚の目方は二・三匁、同じく「上銀」で鋳造された文政二朱銀（二枚で一分銀に相当する）は二・〇匁、文政一朱銀（四枚で一分銀に相当する）は〇・七匁である。天保一分銀一枚の目方は、文政二朱銀二枚分の目方四・〇匁より一・七匁少なく、文政一朱銀四枚分の目方二・八匁より〇・五匁少ないという計算になる。明和二朱銀（南鐐二朱銀）二枚（一枚の目方は二・七匁）の目方五・四匁の半分もない。品位は良くしたものの目方を軽くし、一九七三万両も鋳造した。

天保丁銀・小玉銀は、触書に「通用銀の儀は、このたび吹き直し」と言うだけで、とくに説明はない。品位をみると千分比で二六〇・〇、文政丁銀・小玉銀が三六〇・〇なので、千分比でちょうど一〇〇・〇、つまり二七・八パーセントも銀の割合を減らした。ちなみに、元文丁銀・小玉銀は、品位が千分比で四六〇・〇なので、千分比で二〇〇・〇、四三・五パーセントも銀を減らしたことになる。天保丁銀・小玉銀は、品位を落として改鋳したのである。

新規に銀貨を鋳造するうえで必要な原料の銀を確保するため、古い銀貨の引替え（回収）の促進や通用停止の予告を行ったが、なかなか思うようには捗らなかった。そこで引替を促進するため天保八年一二月、古文字銀《こぶんじ》（元文丁銀・豆板銀）は、引替所までの遠近にかかわらず、古文字銀一貫目につき銀一〇〇匁、古二朱銀（明和二朱銀＝南鐐二朱銀）は同じく一〇〇両につき一〇両、さらに、文政丁銀・豆板銀と通用停止を予告した文政二朱銀も、一貫目につき銀一〇〇匁、一〇〇両につき一〇両の手当をそれぞれ支給することにしている（『幕末御触書集成』四〇八五号）。金貨と同じく、一〇パーセントの割増をつけて引替えの促進を図った。

幕府は天保九年閏四月、倹約令の一環として、百姓・町人身分の者が金銀を使った品、たとえば櫛《くし》・笄《こうがい》・かんざし・キセル・タバコ入れ・紙入れなどを用いることを禁止した（同前四〇一五号）。そして同年六月、金銀を用いた品を持っている者は、それを金座・銀座へ差し出す（没収ではなく相当の代金を渡す）よう命じた（同前四〇一七号）。この措置は質素倹約の主旨だが、金銀貨鋳造のための地金銀を集める意味合いも含まれていたのではないか。幕府は、引替えにあたり一〇パーセントの割増をつけたり、金銀を用いた品を集めたりして、金銀貨鋳造のための素材の確保に躍起になっていた。

†天保通宝（百文銭）の鋳造

幕府は天保六年九月、世上通用のためと称して新規に百文銭（天保通宝）の鋳造を触れた（『御触書天保集成』六〇一二号）。天保通宝一枚が銭一〇〇文に通用と触れたが、実際には八〇文にしか通用しなかった。金座直営の鋳銭定座《ちゆうせんじようざ》が鋳造し、重さは五・五匁、銅純度は七八％、形状は楕円形で方孔《ほうこう》がある。銅一文銭の製造原価が銭一文の価値を越えて採算割れになった事態（金一両が銭三貫文で両替されるならばとんとんという製造原価だったという〈中瀬寿一・村上義光『史料が語る大塩事件と天保改革』晃洋書房、一九九二年〉。ちなみにこの頃の両替は金一両は銭六貫文替くらいなので、大幅な採算割れになる）の打開と、益金を狙った鋳造だった。天保八年から同一二年までの間に金四〇万九八〇〇両分鋳造され、四年間で幕府に上納された益金は金一八万八〇〇〇両にのぼる（田谷博吉『近世銀座の研究』）。

各地で模造（贋金）され、なかでも薩摩藩の鋳造は有名である。薩摩藩は文久《ぶんきゆう》二年（一八六二）八月、琉球救助を名目にして三年のあいだ天保通宝と同型の琉球通宝を鋳造することを幕府から認められた。鋳銭局を設けて実際には天保通宝を鋳造したらしく、鋳銭総高は金二九〇万両におよび、約二〇〇万両の利益を得たという（高村直助『小松帯刀』人物叢書、吉川弘文館、二〇一二年）。天保通宝の模造銭が巨額の利益を薩摩藩にもたらし、幕府に抵抗し、倒幕するための軍資金になったのは皮肉なことである。

表5　金貨改鋳高と益金（天保8〜12年）

	鋳造高（両）	上納益金	益金百分比
五両判	14万7025	3万6390	2・3
小判・一分判	341万8000	34万600	21・6
二朱金	496万2200	101万8300	64・7
百文銭	40万980	18万800	11・4
合計	892万8205	157万6090	100・0
一か年平均	223万2051	31万5218	

†天保金銀銭鋳造の益金

天保八年（天保通宝は同六年）から一斉に着手した天保の貨幣改鋳が、幕府にどの位の益金をもたらしたのか、それが幕府財政にどのような意味があったのかを、田谷博吉氏『近世銀座の研究』からみよう。

【表5】は、天保八年から一二年までの五か年間の金貨・天保通宝の鋳造高と金座から上納された益金をまとめたものである。これによると、二朱金が益金の約六五%、小判・一分判が二二%弱を占めていた。一年平均にして、金三九万四〇〇〇両余もの益金があった。なお、同じ史料に異なる数値があり、それによると一年平均の益金は四二万四〇九〇両になる。異同はあるものの、金貨の改鋳だけで一年に金四〇万両もの益金を幕府にもた

表6　銀貨改鋳高と益金（天保8～14年）

	鋳造高（両）	上納益金	益金百分比
丁銀・小玉銀	14万8000貫	2万8160貫	16・2
同上両換算	246万6666	46万9333	
一分銀	1515万3802	243万	83・8
合計	1776万8468	292万7493	100・0
一か年平均	253万8353	41万8213	

らしたのである。

すでに説明したように、天保の貨幣改鋳は銀貨も行われた。同じく田谷博吉氏の研究から表にしたものが【表6】である。鋳造高も益金額も大半が一分銀だったことがわかる。一分銀の七年間の益金は二四三万両、一年平均約四〇万両になり、一分銀だけで金貨の改鋳益金総額（四年間）約一五七万両、一年平均三九万四千両を超えている。二つの表から明らかなように、幕府は天保八年から四年間、一年平均で金八八万両を超える改鋳益金を手にしていた。文政貨幣改鋳が目当てにした改鋳益金が一年に約三〇万両だったことと比較して、天保貨幣改鋳の益金は三倍に近い。これは幕府財政の悪化がより深刻化したことを示している。

この益金がその当時の幕府財政（天保期の幕府財政については、大口勇次郎「天保期の性格」『岩波講座日本歴史12』近世4、一九七六年）に占めた意義をみるために、田谷博吉氏が『貨幣秘録』（日本経済大典45。官府《かんぷ》拾遺《しゅうい》とも）から掲げられた数

表７　幕府財政収支と改鋳益金（天保８〜13年）

	収入	支出	過不足	改鋳益金
天保８年	253万1080	246万7902	6万3178	62万9263
９年	327万8386	251万2666	76万5720	107万5950
10年	240万1197	218万0922	22万275	69万4745
11年	241万9487	200万1985	41万7529	99万7000
12年	224万5590	196万2684	28万2906	115万5000
13年	176万1147	196万3911	20万2764	50万1445
合　　計	1463万6887			505万3403

値を【表７】に示しておこう。

改鋳益金は年によりバラツキがあるものの、一年平均にすると金八四万二二三四両になり、天保八年から四年間の上納益金の一年平均金八五万両に近似している。そして、天保八年から同一三年までの幕府の総金方収入が一四六三万両余で、同期間の改鋳益金総額が金五〇五万両であるから、改鋳益金が幕府の財政収入に占める比率は三四・五％を超える。

天保八年から一三年までのあいだ、幕府は財政収入の三五％近くを貨幣改鋳の益金に依存していた。つまり幕府・勘定所は、財政収入の三五％を改鋳益金に恒常的に依存した財政運営をしていたのである。換言すると、改鋳益金なしには財政運営できない財政構造だった。

†貨幣改鋳の矛盾

品位の劣る貨幣を大量に発行したのだから、当然インフレとなり物価が上昇する。物価の上昇は、大きな政治問題、社会問題となり、幕府政治への批判を生み出す。幕府内部では物価上昇の原因として、①贅沢《ぜいたく》・華美、②株仲間による価格操作、③貨幣改鋳、の三点が指摘されていた。幕府は、天保九年（一八三八）に三か年倹約令を出すとともに、百姓・町人身分の贅沢・華美の取締りを強化した。そのなかで、貨幣鋳造のための原料を確保する狙いもあって、金銀具の禁止と金銀座への差出しを命じた。そして、天保一二年五月から天保の改革を始めると、よく知られているように、厳しい贅沢の取締り、質素・倹約の強制が行われた。

天保の改革を主導した老中水野忠邦《ただくに》と勘定所は、物価の上昇の原因が株仲間による不正な価格操作にあるとして、天保一二年末に株仲間に解散を命じた。独占的な営業特権を持つ閉鎖的な株仲間を解散させれば価格操作、すなわち価格の不当なつり上げができなくなり、流通を自由にすれば物価は下落するという理屈だった。しかし、結果はさしたる効果がなかった。

水野忠邦と勘定所に対して、町奉行たちは物価上昇の一番の原因は貨幣改鋳にあると主張し、株仲間解散令に反対した。客観的にみれば、物価問題の真因が貨幣改鋳にあることは明らかだった。しかし、幕府の金方財政収入の三五％、三分の一を占める貨幣改鋳が物価問題の真因と認めて止めれば財政運営は不可能に近い。それは、勘定所が財政運営の失敗を認めることにもなり、その意味で株仲間解散令とは、幕府財政運営の失敗の責任を株仲間に負わせたことにもなる。なお、一年に金一万両を超える冥加金を納めるのと引換えに、江戸の十《と》組《くみ》問屋ら株仲間に営業独占と特権を付与したのも幕府である。株仲間への特権付与も貨幣改鋳も、いずれも幕府が採った政策であり失政だった（拙著『天保改革』吉川弘文館、一九八九年）。

水野忠邦（首都大学東京図書館蔵）

株仲間解散令や倹約令、贅沢・華美の取締りも物価引下げにさしたる効果があげられないことから、物価問題の「本丸」「一丁目一番地」である貨幣改鋳そのものに議論が向き始めた。物価問題の解決のために貨幣を復古（元文金銀へ）させるべきだと主張し始めたのは、金座の御金改役として文政以来の貨幣改鋳を支えてきた後藤三右衛門光亨だった。

†後藤三右衛門の貨幣復古策

後藤三右衛門は天保一三年（月日不明）に、内密の伺書を執筆した（老中水野忠邦に提出するつもりだったと思われるが、提出したかどうか不明。「後藤家記録」東京大学史料編纂所蔵）。そのなかで、物価と貨幣は釣り合うものなので、貨幣の品位が悪ければ物価が騰貴するのは当然で、貨幣の品位を改めずして物価引下げを強制するのは無理だという。そこで、株仲間解散令による自由な売買が競争を生んで物価が下がるうえに、良貨への復古が加われば物価引下げは可能と提言している。この伺書のなかで物価問題のほか、年貢・財政運営・諸運上などにも言及し、これらの改革実現のために、後藤三右衛門自身を勘定組頭以上の役職に登用するよう願い出たのである（「後藤家記録」）。

後藤はこれ以後、老中水野忠邦、後藤の出身地信濃飯田の藩主で老中格の堀親寚《ほりちかしげ》、町奉行で後に勘定奉行も兼帯した鳥居忠耀《とりいただてる》に対して、良貨への復古と自身の役職登用の実現をセットで繰り返し建言し、激しいワイロ攻勢を行った（これらが後に発覚し死罪になった）。

良貨への復古とは、天保金銀を元文金銀の品位に引き戻すことであった。悪貨を良貨へ改鋳するには多額の損金が生じる。後藤は金一三〇〇万両（別の試算では金二〇〇〇万両）

という巨額の損失を見込み、その補塡策を提案する。一〇年ほどかけて損失を補塡する試みであり、江戸・大坂の富商への御用金四〇〇万両と倹約による金二〇〇万両（年に金二〇万両を一〇年間）削減で金六〇〇万両を捻出し、天保二朱金や一分銀を改鋳した新金銀との交換により金四一三万両、天保通宝の鋳造で金八七万両などをあげ、こうすれば最終的には約金三万両の不足だけで元文金銀への復古が実現できる、と主張した（前出中瀬寿一・村上義光『史料が語る大塩事件と天保改革』）。

この後藤の提言に乗ったのか、老中水野忠邦は天保一四年八月一七日（ないし一八日）、鋳造停止を命じた。文政初年以来続けてきた貨幣改鋳の停止だった。後藤の提言に勘定所は強く反対し抵抗したが、水野は物価問題解決のため決断したのだろう。水野は天保一四年九月、良貨への改鋳による損失補塡のため、後藤三右衛門に対して金五〇〇万両という巨額の献金を求めたが、後藤は即座に断っている。水野に成算があったのか不明だが、同月に勘定奉行鳥居を介して後藤に、良貨への改鋳を命じるので準備しておくようにと伝えている（「後藤家記録」）。

ただ、元文金銀への復古は具体的な指示がないまま、同年閏九月に水野が失脚してしまった。天保金銀への貨幣改鋳は、翌天保一五年九月に再開されている（田谷博吉『近世銀座の研究』・拙著『水野忠邦』東洋経済新報社、一九九四年）。

勘定所としては、改鋳益金による補塡なしの巨額の収入不足に幕府財政を運営することはできなかったはずである。とくに、天保一五年五月に江戸城本丸が焼け、その再建の工事費を捻出するためにも貨幣改鋳は必須だった。このように、文政初年以来の貨幣改鋳は、約一年の中断を経て再開された。勘定所にすれば、貨幣改鋳を止めることなどあり得なかったのである。

4　文政～天保期の勘定奉行・勘定所

おそくとも一八世紀末頃から、幕府内部で勘定奉行が果たした役割は財政運営にとどまらず、対外関係の課題でも重要な役割を果たしている。その一例として、勘定奉行の遠山景晋《かげみち》が、文政八年（一八二五）に発令された異国船打払令を主導したことを例に説明しておこう。また、天保の改革の諸政策には、勘定所役人が大きな役割を果たした。しかしその期間に、勘定所では役人の著しい出世と罷免という激しい人事異動がみられた。天保改革期の勘定所の動きについて簡単に紹介しおきたい。

†遠山景晋──対外政策に活躍する勘定奉行

文政二年（一八一九）から同一二年まで勘定奉行を務めた遠山景晋について、勘定奉行の昇進コースのところで簡単に紹介した。

幕府は、寛政の改革において幕臣の教育振興と人材発掘を兼ねて、旗本御家人とその子弟を対象にした朱子学の学識を試す「学問吟味《ぎんみ》」という試験を、寛政四年（一七九二）から開始した（以後三年ごとに行われ、幕末まで続けられた）。景晋は、四三歳のとき、寛政六年の第二回目の試験を受験し首席（「甲科《こうか》」）の成績をおさめた。このことは、景晋が大変な秀才であり高い学識を持つ役人であったことを示す。

この学問吟味は、中国の科挙《かきょ》と違い、たとえ成績優秀でも高級官僚の椅子を約束されることはなかった。それでも景晋には出世の糸口になり、さらに、蝦夷地《えぞち》をめぐるロシアとの緊張や使節来日、それらの事件をうけて江戸幕府が蝦夷地政策を本格化させたことが、景晋に活躍の場を与えた。目付、長崎奉行、作事奉行を経て文政二年（一八一九）に勘定奉行にのぼりつめた。

寛政一一年（一七九九）を皮切りに、文化八年（一八一一）までの一二年間に、蝦夷地出張三回、長崎出張一回、対馬出張二回にのぼり、幕府の蝦夷地直轄、ロシア使節レザノフ長崎来航、朝鮮通信使易地聘礼《えきちへいれい》（朝鮮通信使の応接地をそれまでの江戸から対馬へ変更）などにあたって現地に派遣され、景晋は、江戸幕府の対外政策の第一線を担ってまさに東奔西走した。四年間在職した長崎奉行の時代には、イギリスのジャワ副総督ラッフルズが出島《でじま》のオランダ商館乗っ取りをはかった事件を処理している。

幕末の旗本大谷木《おおやぎ》忠醇《ただあつ》（醇堂《じゅんどう》、一八三八〜九七）は、景晋が文政年間（一八一八〜三〇年）の幕府役人のなかでも際だって有能で、中川忠英《ただてる》（目付から長崎奉行、勘定奉行を歴任）、石川忠房《ただふさ》（目付から勘定奉行を歴任）とともに「三傑《けつ》の一人」と称されたと書いている（遠山景晋の著作「対策則《たいさくそく》」の扉書《とびらがき》）。

勘定奉行在職中は、文政金銀への貨幣改鋳と時期的に重なっていた。有能な勘定奉行だった景晋は、この改鋳政策と深く関わったと思われる。

文政金銀改鋳事業が一段落ついた文政一〇年三月二五日、老中水野忠成は貨幣改鋳の功労により時服《じふく》（季節ごとの服）を将軍から賜った。その翌々日の二七日には、町奉行の榊原忠之《ただゆき》と筒井政憲《まさのり》は時服、勘定奉行の村垣定行《むらがきさだゆき》と遠山景晋は時服と「黄金」（金貨）を賜っている（『続徳川実紀』第二篇）。町奉行より手厚く時服の他に「黄金」を賜っているのは、貨幣改鋳の実務を担ったからだろう。この点からも、当然と言えば当然だが、遠山景晋が文政貨幣改鋳に深く関わったことをうかがえる。

†異国船の頻繁な渡来

その頃、日本の港や周辺海域に渡来する異国船は増加し、幕府はそれへの対応に苦慮した。その背景には、太平洋を横断して中国へ向かう欧米の商船の増加と、工場の灯りに使う鯨油をとるため、日本の太平洋岸までを漁場としたイギリスやアメリカの捕鯨船の登場があった。その結果、文政五年（一八二二）四月に浦賀に渡来したイギリス捕鯨船サラセン号のように、長期にわたる海上操業により不足する食料や水、そして鯨油を煮る燃料を求めて寄航したり、沿岸で漁をする日本漁船や沖合を航行する廻船と接触したりするようになった。

文政七年五月には、イギリス捕鯨船の船員が、常陸大津浜《ひたちおおつはま》（茨城県北茨城市）にボートで上陸して食料を求める事件、さらに同年七月、イギリス捕鯨船が薩摩藩領宝島（鹿児島県十島村）に渡来し、上陸した乗員が牛などを奪い取り、そのうちの一人が射殺される事件もおこった。

幕府は文化七年に始めた会津藩と白河藩による江戸湾防備を、文政三年（白河藩は文政六年）に止め、警衛態勢を縮小させていた。浦賀では、浦賀奉行所を軸とし、三浦半島に飛び地領を与えられた武蔵川越藩《かわごえ》と相模小田原藩の援兵とを組み合わせる態勢をとっていた。しかし、商船や捕鯨船がたった一艘でも渡来すると大規模な警備行動をとり、その経済的な負担は大きかった。そこで、効率よく異国船の渡来を阻止する方策が模索され、イギリス捕鯨船員の上陸事件をきっかけに、幕府内部で海防態勢見直しの議論が始まった。この議論を主導したのが、勘定奉行遠山景晋だった。

†異国船打払令を主導

幕府天文方の洋学者高橋景保《かげやす》は、文政七年（一八二四）七月に意見書を提出し、渡来するのは捕鯨船であり、各地の沿岸要所に砲台を設置し、空砲を放って威嚇《いかく》して渡来を阻止する策を提起した。さらに、勘定奉行や目付からも異国船対策の提案があった。これらをうけて幕府は、勘定奉行（遠山景晋）・勘定吟味役（館野《たての》勝詮）と大目付（石谷勝豊《かつとよ》）・目付（羽太正栄《はぶとまさひで》）の四名に異国船対策の立案を命じた。強硬な打払策と軽微な海防態勢（あまり経費をかけない）を主張する勘定奉行・同吟味役と、沿岸要地数か所に幕府奉行所を新設し、さらに一〇万石以上の四大名を組み合わせる本格的海防態勢（多額の経費を必要とする）を主張する大小目付が対立した。幕府は、三奉行の評議を経て、文政八年二月、異国船打払令を発令し、勘定奉行遠山景晋が主張した渡来異国船はたとえ漂流船であっても無差別に砲撃し撃退するよう命じた。

異国船を打ち払うための軍事力については、現地の村役人を中心に沿岸住民を組織することと、大名間の相互援兵を指示する程度にとどまった。渡来した異国船を無差別に打ち

表8　天保改革期勘定所人事異動

人　名	就　任	役　名	前　職	処罰	処　罰　内　容
梶野良材	11・9	勘定奉行	作事奉行	10	罷免
土岐頼旨	12・5	勘定奉行	作事奉行		
跡部良弼	12・12	勘定奉行	大目付		
井上秀栄	13・5	勘定奉行	西丸留守居	閏9	罷免・250石没収・小普請入
佐々木一陽	14・7	勘定奉行	目付		
鳥居忠耀	14・8	勘定奉行兼	町奉行	10	兼任解除
根本玄之	9・4	勘定吟味役	代官	閏9	罷免・小普請入
川村修就	12・5	勘定吟味役	裏門切手番		
羽倉外記	13・12	勘定吟味役	納戸頭	閏9	罷免・40石没収・小普請入
篠田藤四郎	14・5	勘定吟味役	代官	閏9	罷免・50俵没収・小普請入

註1：就任は天保年・月
　2：処罰は天保14年・月

払う強硬策だが海防態勢は軽微、という一見すると矛盾しているのが特徴的で、実効性の疑われる政策である。異国船打払令には、海防のための多額な財政負担を嫌う勘定所の意向が強く働いた。また、客観的にみれば無謀で危険と思われる異国船打払令を出しても、渡来する異国船は漁船や海賊船なので攻撃しても戦争にはならないし、はるか遠いイギリスが万里の波濤《はとう》を越えて日本と戦争するために軍艦を派遣することなど考えられない、という遠山景晋の甘い情勢認識にも支えられていた（遠山景晋「籌海因循録《ちゆうかいいんじゆんろく》」日本経済大典14）。

財政赤字を巨額の貨幣改鋳益金で補塡して幕府財政を運営していた勘定奉行らからすると、多額の財政支出を必要とする大小目付らの海防策には賛成できなかったのだろう（拙著『近世後期政治史と対外関係』東京大学出版会、二〇〇五年）。

†天保改革期の勘定所

【表8】は、天保の改革を推進するために登用された勘定奉行と勘定吟味役、およびその中で老中水野忠邦の罷免、すなわち天保の改革の終焉とともに罷免、処罰された勘定奉行と同吟味役を掲げたものである。登用された者すべてが罷免・処罰されたわけではないが、罷免・処罰された者は改革政策と深く関わったのであろう。

勘定奉行井上秀栄は天保一四年（一八四三）閏九月、罷免にあたって「勤役中御役筋につき如何《いかが》のことどもこれ有り、不埒《ふらち》の至り」（『大日本近世史料　柳営補任《りゅうえいぶにん》』二）と申し渡され、勘定吟味役の羽倉外記《はぐらげき》と同篠田藤四郎もほぼ同文の申渡しを受けた。天保一四年に打ち出された天保改革の重要政策は、当時、上知令、印旛沼工事、御料所《ごりょうしょ》（幕府領）改革、新潟上知、大坂百万両御用金の五つとされる。このうち、印旛沼工事は篠田藤四郎が首謀者とされ、上知令は根本玄之が発案者で井上秀栄が協力し、羽倉外記も首謀者の一人といわれ、御料所改革は曾根寛右衛門という勘定の発案を根本と羽倉が後押ししたと噂される。この三政策はいずれも難航し、激しい反発をうけて立ち往生したため、老中水野忠邦の失脚、天保の改革の失敗につながった。

このうち、篠田家は享保元年（一七一六）、根本家は宝暦三年（一七五三）、羽倉家も宝暦六年に御目見得以上になった家で、いずれも先祖に勘定吟味役に就任した者はいない。それまで勘定吟味役などの要職に就いたことのない家柄の勘定所役人が、上知令、印旛沼工事、御料所改革などの政策を立案し、それにより勘定吟味役に昇進して政策実現をはかったのだろう。

しかし、政策は難航して立ち往生し、引き立ててくれた老中水野忠邦らが失脚したため、罷免され処罰されることになったのである。田沼時代もそうであったが、新しい発想の政策、斬新な政策が求められたとき、それを立案した役人が昇進し、うまくゆけば良いが、難航したり失敗すれば、その役人は田沼派・水野派などのレッテルを貼られて処罰された。幕政改革は、役人にとって出世のチャンスであるとともに、失脚する危険性もあわせ持っていた。

第七章　財政破綻——開港・外圧・内戦

1　開港と貨幣問題

†開港と貿易開始

貨幣改鋳の益金で財政収入不足を補って幕府財政を運営するという、貨幣改鋳益金依存体質の財政運営はずっと変わらず続いた。嘉永六年（一八五三）六月のペリー来航、翌年一月の再来航と日米和親条約の締結以降、日本は未曽有の対外的危機に見舞われた。深刻な対外的危機、強度の外圧に抗するための政治・軍事改革、そして反幕府抵抗勢力との政治・軍事闘争は、巨額の財政支出を余儀なくした。その財源は、やはり貨幣改鋳益金の他になかった。

安政五年（一八五八）に調印された日米修好通商条約により、翌年六月に横浜・長崎・箱館の三港が開港され、諸外国と自由貿易が開始された。そこで大混乱がおこった。それは、金貨の大量流出という問題だった。これを解決するためにも貨幣改鋳が求められたのである。しかし、未曽有の巨額な貨幣改鋳は未曽有の物価高騰を引きおこし、江戸幕府の存立が問われる大問題となった。

†金貨の大量流失

貿易の開始から安政七年（三月一八日に改元し万延元年）二月一日までに、約金五〇万両ほどの金貨が海外に流出したと推定されている。この金貨の大量流出の理由は、日本と海外との金銀比価の違いにあった。

当時の日本では、銀貨の価値は金貨に対して五対一の割合だった。しかし海外では一般的に、銀地金一五・五対金地金一の割合だったので、江戸時代の安政末年まで、日本は海外と較べて銀貨の価値は三倍以上も高かったのである。逆にいえば、金貨は国際的には銀貨に対して三分の一の価値しかなかったことになる。めざとい外国商人はこれに目をつけ、洋銀（メキシコ弗《ドル》）を一分銀に換え、それを金貨に換えることによって三倍以上の利益をあげた。〈洋銀→一分銀→金貨〉というマネーゲームのような取引により、洋銀一弗を三、四倍に増やすことができた（山本有造「明治維新期の財政と通貨」『日本経済史3』岩波書店、一九八九年）。

日本駐在の外交官たちは、この事態が対日貿易の発展に支障をきたすと憂慮し、金貨の操作により金銀比価を国際標準にするよう幕府に勧告した。幕府はこれを受けて、安政七年正月二〇日に触書を出し、「外国交易につき貨幣の釣り合いよろしからず」という理由から金貨の値増《ねま》し（歩増《ぶまし》）通用を命じた（『幕末御触書集成』四一八四号）。それは、保字《ほうじ》（天保）小判一両を金三両一分二朱、保字一分判を金三分一朱、正字《せいじ》小判（安政小判のこと。安政六年に鋳造し、品位は天保小判と同じだが、目方が二・四匁で天保小判の三匁より軽い）一両を金二両二分三朱、正字一分判（安政一分判のこと。安政六年に鋳造し、品位は天保一分判と同じだが、目方が〇・六匁で天保一分判の〇・七五匁より軽い）を金二分三朱と読みかえて、二月一日から通用させるというものだった。つまり、天保小判でいえば三倍以上の値増し通用を命じ、銀と金との比価を約一五対一にしたのである。これは急場凌ぎの臨時的な措置だった。

表9　万延小判・一分金発行表

名称	鋳造期間	定量（匁）	金千分比	鋳造高（両）
万延小判	万延元―慶応3	0・88〈3・0〉	567・7	625,050
万延一分金	万延元―慶応3	0・22〈0・75〉	567・7	41,650
合　計				666,700

註・定量欄の〈　〉内の数字は天保金の目方である。

†万延貨幣改鋳

そこで、万延《まんえん》元年（一八六〇）四月に、新小判・一分判・二分判・二朱金を鋳造し、四月一〇日から通用させると触れ出した（『幕末御触書集成』四一八七・四一八八号）。万延金の目方と品位、および鋳造高は【表9】に掲げた通りである。

万延小判と天保小判を比較すると、品位は同じで目方が約三分の一、万延一分金と天保一分金の関係も同じである。金貨の目方を三分の一に減らして銀との比価を一五対一にすることにより、金銀比価を国際標準に改めることができたのである。天保小判・一分金の引換えは、たとえば天保小判はこの年二月から金三両一分二朱の価値をもっていたので、万延小判とそのまま交換できた。天保小判・一分金についていえば、金貨所持者に損得はなく、たとえばこの年二月より前に金一〇両を持っていた人は、この改鋳により三倍の金三〇両を持ったことになっただけである。貨幣改鋳を行った幕府にも損得がなかった。

ここまでならば万延金の改鋳は、金銀比価の国際標準化として正当

表10　万延二分金・二朱金発行表

名称	鋳造期間	定量（匁）	金千分比	鋳造高（両）
万延二分金	万延元—明治元	0・88	220・0	4689万8932
（真文二分金）	文政元—11	1・75	564・1	（298万6022）
（草文二分金）	文政11—天保3	1・75	488・9	（203万3061）
万延二朱金	万延元—文久3	0・20	220・0	314万
（元禄二朱金）	元禄10—宝永7	0・595	573・7	
（天保二朱金）	天保3—安政5	0・4375	293・3	（1288万3700）
合　計				5003万8932

な貨幣改鋳だったと言える。問題は、万延二分金と二朱金の鋳造である。【表10】は、万延二分金・二朱金の発行表で、参考のため文政の貨幣改鋳で発行された二種の二分金と天保二朱金、および元禄の貨幣改鋳で鋳造された元禄二朱金について掲げたものである。

まず注目すべきは鋳造高である。万延二分金だけで約四六八九万九〇〇〇両、二朱金と合わせると五〇〇〇万両を超えている。万延小判・一分金は、両方を合わせても六六万六七〇〇両しかない。つまり、万延貨幣改鋳は万延二分金の鋳造が主体だったのである。

万延二分金の目方と品位を文政の二分金二種に較べると、目方はほぼ半分しかない軽いものであった。しかし、万延一分金は目方が〇・二二匁なので、二分金はその二倍の重さ〇・四四で釣り合うのだが、万延二分金は〇・八八で四倍の重さがある。

万延二分金は、文政二分金の半分の軽さであるが、万延一分金の四倍（価値の点からいえば二倍）の重さがあった。ところが、品位をみると、金の含有量は千分比で二二〇しかない。文政の真文二分金の三九パーセント、草文二分金の四五パーセントしかない。重いだけで中身のないのが万延二分金である。万延二分金は、まさに「銀製の金貨」であった（前出『近世銀座の研究』）。

万延二朱金も、目方は元禄二朱金の三分の一、天保二朱金の半分以下の重さで、品位は元禄二朱金の三八パーセントしかなく、稀代の悪幣である天保二朱金の七五パーセントに過ぎなかった。万延二朱金は、軽いうえに品位の劣悪な金貨だった（前出『近世銀座の研究』）。

万延二分金と二朱金は引換えの対象となる古金貨がないので、万延小判・一分金と違い、巨額の改鋳益金をもたらした。目方を三分の一に減らした万延小判・一分判は、金銀比価の国際標準化の意味と目的があったが、万延二分金・二朱金は改鋳益金だけを狙った改鋳だった。

†万延改鋳の益金

万延の貨幣改鋳と幕府財政との関係を、大口勇次郎氏「文久期の幕府財政」（年報・近代日本研究3『幕末維新の日本』山川出版社、一九八一年）、同「御用金と金札」（尾高煌之

表11　万延金益金

	金貨(両)	銀貨(両)	銀(貫)	百文銭(両)	合計(両)	金方納総額(両)
文久元	143万1968	14万258	18万8333	6万1692	182万2251	433万616(42%)
文久3	259万9000	95万	9万3333	2万407	366万2740	890万9453(41%)
元治元	322万6000	86万	12万1667	23万2176	443万9843	1076万681(41%)
慶応2	157万	10万2180				

註・「金方納総額」欄の（　）内の%は、改鋳益金が占める比率を示す。

助・山本有造編『幕末・明治の日本経済』日本経済新聞社、一九八八年）、山本有造氏「明治維新期の財政と通貨」（前出『日本経済史3』）、飯島千秋氏『江戸幕府財政の研究』（吉川弘文館、二〇〇四年）などの諸研究からみてみよう。

万延の貨幣改鋳により幕府が手にした益金の額と、幕府の金方収納に占める割合を示すのが【表11】である。すでに説明したように、天保の貨幣改鋳による益金の一年平均は金八五万両で、金方収入の約三五%弱を占めた。改鋳益金の金額でいうと、文久元年は約二・一倍、文久三年は約四・二倍、元治元年は約五倍にあたる。金額でいえばまさに鰻登りの増額だった。金方収納に占める割合でいえば、文久元年が四二%、文久三年と元治元年が四一%を占めていた。当時までの幕府財政最悪期におこなわれた天保の貨幣改鋳期間が約三五%弱だったので、それと較べても六〜七%上昇している。

なお、弘化四年（一八四七）から安政三年（一八五六）年の一〇年間で、改鋳益金の金額、および金方全収入に占める割合がもっとも高かったのは安政元年で、金額が六五万両余、割合が二五・三%

という（飯島著）。この弘化～安政期に比較すると、文久～元治期はまさに異常事態である。

2　幕末政治・軍事闘争とその財源

†軍事力の増強

幕府は、嘉永六年（一八五三）六月のペリー来航以降、未曽有の対外的危機への対応を迫られた。また、安政五年（一八五八）六月の日米修好通商条約のいわゆる違勅《いちょく》調印以降、激しい反幕府抵抗勢力との政治的・軍事的な対抗を余儀なくされた。深刻な内外の危機に直面した幕府は、生き残りをかけて軍事力の強化に突き進んだ。それは当然のことながら、巨額な財政支出を伴った。

嘉永六年六月に来航したペリー艦隊の再来航に備え、江戸防衛のため韮山《にらやま》（静岡県伊豆の国市）代官江川太郎左衛門英龍《ひでたつ》が献策した品川台場《だいば》（砲台・要塞）の築造、武家諸法度で規定してきた大船建造禁止を廃止し、軍艦の建造と輸入による海軍の創設、西洋式の海軍術を習得させる長崎海軍伝習所の開設に踏み切った。さらに幕臣のために伝統的な槍剣術とともに西洋砲術の教授を行う講武場《こうぶじょう》（所）を設け、洋学の研究教育機関として洋学所（後に蕃書調所《ばんしょしらべしょ》、ついで洋書調所、さらに開成所《かいせいじょ》と改称）を開設し、西洋軍事技術の導入と外交事務の処理能力を向上させようとした

日米修好通商条約に違勅調印した幕府に対して鎖国攘夷を主張し、その実現を幕府に迫る尊王攘夷運動が激化した。幕府は反幕府抵抗勢力との政治・軍事闘争のため、軍事力強化を急いだ。文久《ぶんきゅう》二年（一八六二）の「文久の幕政改革」のなかで軍制改革を行い、海軍の充実と西洋式陸軍の創設を断行した。そして、政局の主導権を握るため、将軍徳川家《いえ》茂《もち》は文久三年、将軍として二三〇年ぶりに上洛し、翌文久四年（二月に改元して元治《げんじ》元年）にも上洛して、反幕府抵抗勢力の中心であった長州藩を第一次幕長戦争により屈服させた（実際の戦闘はなく長州藩が屈服）。

ふたたび抗戦の動きをみせた長州藩を攻撃する第二次幕長戦争を指揮するため、将軍家茂は慶応元年（一八六五）、三度目の上洛を果たして翌年六月に開戦した。しかし、薩摩藩と連携する長州藩に敗北し、家茂自身も大坂城中で病没してしまった。

†政治・軍事闘争と財政

軍事力の強化、三度にわたる将軍の上洛、激しい戦闘になった第二次幕長戦争は、巨額

の支出を伴った。近現代の政府は、戦争のための軍事費を「戦時公債」など巨額の赤字国債を発行して賄った。江戸幕府は、戦費を賄うため貨幣改鋳を繰り返した。なお、幕府から戦争に動員される藩も、幕府に抵抗する藩もその財源に藩札などを大量に発行した。貨幣改鋳により劣悪で巨額な流通量に達した幕府鋳造の基軸貨幣に、諸藩が発行した巨額の藩札が流通した。その結果、慶応二年（一八六六）、三年頃、物価は開港以前の四〜五倍に高騰した。

飯島千秋氏の研究によると、文久三年の二三〇年ぶりの将軍上洛は、もろもろ合わせて一〇〇万両を超える支出となり、それは幕府の年間総支出の一割に相当する金額という。このほか同年には、船舶・武器購入の支出が七三万両にのぼっている。また、文久四年（元治元年）の二度目の上洛と第一次幕長戦争の経費は、合わせると一六七万両になるという。これらの政治・軍事闘争の出費を支えたのは、【表11】にみた改鋳益金だった。

実際に激しい戦闘になった第二次幕長戦争の戦費は、四三七万両とも推測されている。そのほか、外国への賠償金、製鉄所建設費などの巨額の支出があった。そこで注目すべきは、【表11】にみえる慶応二年の改鋳益金の数字である。不十分なデータというきらいはあるものの、それ以前と比較して金貨・銀貨ともに改鋳益金が大幅に減少している傾向を読みとることができる。その理由は、改鋳の原料が底をついてきたことにあるらしい。このことは、幕府が財源を改鋳益金に求めることがもはや困難になってきたことを物語っている。

†貨幣改鋳以外の増収策

ここでは、勘定所などによる貨幣改鋳以外の財政収入増加策を紹介する。それは、幕府が国内の産物の流通を統制しそこから税を取り立てる国産統制政策と、安政六年(一八五九)から始まる貿易の利益を独占しようとする政策である(森田武「幕末期における幕府の財政・経済政策と幕藩関係」『歴史学研究』四三〇、一九七六年による)。

老中阿部正弘《まさひろ》は安政二年、江戸に諸国産物会所を設置し、全国の産物を江戸に直送する策を提示した。海防掛目付からは安政三年、通船改会所・産物会所を江戸のほか一四か所に設け、来るべき貿易を統制し税金を取り立てる計画が提案された。外国掛の大目付・目付は万延元年(一八六〇)、産物局を設置して全国の産物を幕府の船で運送するという構想を提示した。幕府は万延元年四月、国内産品の生産拡充と富国策を企画・立案する審議機関として、大目付と目付、勘定奉行と勘定吟味役、および町奉行をメンバーとする「国《こく》益主法掛《えきしゅほうがかり》」を設置した。文久元年(一八六一)正月に、江戸と大坂に「国益会所」を設けて国内の流通を掌握し、会所による商品の売買から「税金」を獲得し、生糸の流通を統制して輸出を独占し、貿易利潤の獲得をめざす構想を立てた。そして文久二年、実際に江戸に国益主法会所を設置したがうまく行かず、同年七月に会所も主法掛も廃止された。文久三年になると、貿易抑制策がとられ、糸座による生糸の統制計画を立て、慶応元年には、勘定奉行・町奉行から諸色会所構想が出された。まさにあれやこれやの政策案が乱立したが、ことごとくうまく行かなかった。

幕府は慶応二年、「生糸・蚕種紙改《さんしゅしあらため》会所」を生糸産地の幕府領に設置し、輸出用も国内用もすべての生糸・蚕種紙に改印することを義務づけ、その目方に応じて手数料(改印料)を徴集する仕組みをつくった(『幕末御触書集成』四三七〇号)。幕府は改会所により生糸の流通を統制し、改印料という名の手数料を幕府の収入にしようとしたのである。

商品流通や貿易を統制し、そこから幕府の収益を獲得しようとした政策は、国益主法掛のメンバーからも分かるように、必ずしも勘定奉行・勘定所の独壇場ではなくなっている。

†慶応二・三年の増収策——御用金賦課と幕領民の献納金

貨幣改鋳による益金が限界に達して期待できなくなった慶応二・三年に、財政破綻を回避するためにとった幕府の財政増収策をみておこう。①御用金、②幕府領民の献金、③金札(紙幣)発行、④外国からの借款《しやつかん》の四点であった。

幕府は慶応二年、大坂・兵庫・西宮の町人に七〇〇万両にのぼる御用金の差出しを命じ、町人らの請高《うけだか》（申し出た金額）は銀一七万八七八四貫余（一両銀六〇匁替えで約金一七八万両に相当）という巨額に達した。またその前年、江戸町人に九一万一〇〇五両の御用金の差出しを命じ、慶応三年四月末までに上納を終えたという（前掲飯島著）。幕府は、直轄都市の豪商らに巨額の御用金を課し、改鋳益金の減少分を補おうとしたのだ。

直轄都市だけではなく、幕府領の富裕農民にも献金を強請した。将軍徳川家茂が慶応元年五月、第二次幕長戦争のため江戸を出発するにあたり、「長州征伐につき御進発《ごしんぱつ》献金」を関東地方の幕府領の富裕者に命じている。たとえば、武州八王子宿組合村（東京都八王子市）では少なくとも金一一七〇両、武州駒木野《ぶしゅうこまぎの》・小仏《こぼとけ》宿組合村（同前）では少なくとも金三四〇両、武州多摩郡上恩方《かみおんがた》村（同前）では三四人で金七四両を献金している（以上、『新八王子市史』通史編4　近世下）。なお、慶応元年七月時点での出願高は、総額で金三五万六〇三一両にのぼっている（前掲飯島著）。

将軍家茂の上方在陣は長引き、戦費は一か月に金一八万両ほどもかかったという（同前）。そこで幕府は慶応二年九月、不足する戦費を補塡するため、幕府領の富裕者に対して御用金か献金かどちらでもよいので差し出すよう命じた。村側では「御進発再度上納金」として、献金を差し出した。わずか一年ちょっとの間に二度目の献金のせいか、武州八王子宿組合村では六五〇両、駒木野・小仏宿組合村では一五〇両と前回よりかなり少ない献金額になっている。それでも、生糸輸出で潤った武州多摩郡鑓水《やりみず》村（東京都八王子市）では、九人で二〇五両もの献金をしている（『新八王子市史』通史編4　近世下）。

†金札発行

幕府は慶応三年、とうとう紙幣の発行に踏み切った。すでに、金座の後藤庄三郎役所が安政元年（一八五四）、五種類の銀札《ぎんさつ》を発行し、大名や旗本に無利子二〇年賦返済で貸し付ける案を出していた。また安政四年には、一〇両札・五〇両札・一〇〇両札の三種類の金札を五年間で一五〇〇万両発行し、それを大名へ貸し付けるという構想も出ていた。紙幣を発行する構想は、すでにくすぶっていた。

幕府は慶応三年八月、兵庫（神戸）を開港し商社を取り立てるので、資金融通のため金札を発行する、通用金銀貨と同じと理解し、年貢などの納入に用いてよい、五畿内と近国ともに通用のこと、と触れている（『幕末御触書集成』四二一四号）。また同年一〇月には、御用金を差し出した者にその金額に応じて金札を渡す、金札は来々年三月まで通用金銀貨と同じものと心得て、年貢納入などに用いてよい、江戸および関東在方で通用のこと、とも触れている（同前四二一五号）。金札は、現行の金銀貨と同様に通用し、慶応三年一〇月には五畿内近国のみならず江戸と関東地方でも通用させようとした。

金札という紙幣の発行は、貨幣改鋳のための素材が底をついてきたことをよく示している。元禄の貨幣改鋳のところで、荻原重秀《おぎわらしげひで》の逸話を紹介した。一〇文銭発行に関わって荻原重秀が語ったこととして『三王外記《さんのうがいき》』に載せられた風評に、「国家が造る貨幣、国家が発行する信用貨幣は瓦礫《がれき》でも良い、紙鈔《ししょう》に勝る」というのがあった。荻原重秀がとんでもないことを言った、という噂話である。国家（幕府）が発行する貨幣の素材は瓦礫でも良いのだ、それでも紙幣（紙鈔）より勝っている、という主旨である。

その伝でいえば、幕府は瓦礫より劣る紙幣の発行に踏み切ったことになり、江戸幕府という権力体の病は、とうとう末期症状におちいった。

3 幕府役人間の対立激化と勘定所の限界

†勘定奉行と町奉行

幕府は天保の改革に取り組んでいた天保一二年（一八四一）末から一三年にかけて、勘定奉行・勘定所は流通を自由化することにより物価が下がることを期待し、株仲間解散令を主張した。町奉行らは、物価高騰の理由は貨幣改鋳に真因があり、江戸市中の繁栄のため株仲間解散令に反対した。

しかし幕府は、町奉行の反対・抵抗を押し切って解散を断行した。ところが幕府は嘉永四年（一八五一）、町奉行が江戸市中の繁栄のために必要だと主張した株仲間再興令を、勘定奉行・勘定所の反対・抵抗を押し切って断行した。株仲間の解散令と再興令では、町奉行と勘定奉行はまったく正反対の位置に立たされた。これは、勘定奉行と町奉行の対立でもあり、株仲間再興令に関しては勘定奉行の敗北だった。

†勘定奉行と目付

文政八年（一八二五）に発令した異国船打払令（無二念打払令）をめぐって、勘定奉行・同吟味役と大目付・目付が政策的に対立したことはすでに紹介した。打払い策には消極的だが大規模な海防態勢をとることを主張する大小目付に対して、勘定奉行らは、強硬な打払い策だが簡易で持続可能な海防態勢を主張して対立した。結局、勘定奉行らの主張が採用され、異国船打払令が発令された。

大小目付が主張する、複数の幕府奉行所の新設と大大名の所替などによる本格的な海防態勢は、巨額の予算措置が必要になる。幕府財政を預かる勘定奉行は、なるたけ財政負担の少ない海防態勢を選択しようとした。対外的危機への対応策も、幕府財政の観点からの判断が優先された。すなわち内政（財政）優先である。

勘定奉行・勘定所は、新たな施策への財政支出を著しく嫌った。つまり対外的危機への対応策にも、多額の財政支出を嫌い消極的になる。これは、ペリー来航直前まで浦賀奉行が要求した艦船や人員など海防態勢を充実させようとする提案に対して、勘定奉行はことごとく財政支出の観点から反対し続けた。

†川路聖謨の限界

異国船打払令を主導したのは勘定奉行の遠山景晋であり、勘定奉行は対外関係の重要案件に三奉行の一員として、また海防掛の一員として深く関わってきた。

勘定奉行と大小目付、勘定系と目付系の役人間の対立は、ペリー来航後の外交政策をめぐって目立ってきた。「叩き上げ」の勘定奉行川路聖謨は、嘉永六年（一八五三）七月に長崎に来航し、翌安政元年一二月に伊豆下田で日露通好条約に調印した、ロシア使節プチャーチンとの交渉に応接掛《おうせつがかり》として深く関わった。この間の川路聖謨と学問所儒者の古賀増《まさる》（謹一郎）、勘定系役人と目付系役人との対立、反目、軋轢《あつれき》は、眞壁仁氏『徳川後期の学問と政治』（名古屋大学出版会、二〇〇七年）に詳述されている。

ペリーとの交渉に臨む幕府の基本方針は、「ぶらかし策」であり、プチャーチンに対しても同じだった。これは、ペリー来航後に幕府の海防参与《さんよ》に登用され重きをなした前水戸藩主徳川斉昭《なりあき》らの主張であり、老中阿部正弘《まさひろ》はこれに従った。要するに、のらりくらりと結論を引き延ばす作戦である。プチャーチンとの交渉にあたった川路聖謨は、巧みな話術を交えた卓抜した外交手腕でこの作戦を忠実に実行し、プチャーチンらもその才知に舌を巻いたほどだった。たしかに川路聖謨は能吏中の能吏だった。

しかし、交渉に同行・同席した古賀増や目付系役人は、川路に対して批判的で冷ややかだった。「ぶらかし策」で引き延ばすだけで先の展望を描けない川路や勘定系役人と、日本を取り巻く世界情勢の激変という現実を踏まえた展望をもって事態に対応しようとする、幕府学問所（昌平黌《しょうへいこう》）教官である古賀増や、学問所で学び学問吟味に合格したような者がいる目付系役人（当時、目付は「能吏の淵藪《えんそう》〈叢〉」といわれた）が、反目し対立したのである。眞壁氏によると、これには、学問吟味に落第した川路聖謨による、学問所儒者古賀増や学問吟味合格者へのやや屈折した感情も加わっていたらしい。

豊後日田《ひた》（大分県日田市）代官所手代の子に生まれ、そののち勘定所に奉職して豊富な実務経験を積み重ねて能力を発揮し、勘定所の能吏として頭角を現した川路聖謨は、まさに「叩き上げ」の実務官僚であり、優れて内政（財政）優先を実践してきたのである。国際情勢の激変のなかでまったく新たな対応を迫られた時代に、内政（財政）優先の実務官僚にもはや居場所が狭くなっていた。それは、勘定所それ自体を象徴するものでもあった。

ちくま新書
1309

勘定奉行《かんじょうぶぎょう》の江《え》戸《ど》時《じ》代《だい》

二〇一八年二月一〇日　第一刷発行

著　者　藤田覚（ふじた・さとる）

発行者　山野浩一

発行所　株式会社 筑摩書房
東京都台東区蔵前二-五-三　郵便番号一一一-八七五五
振替〇〇一六〇-八-四一二三

装幀者　間村俊一

印刷・製本　株式会社 精興社

乱丁・落丁本の場合は、左記宛にご送付ください。
送料小社負担でお取り替えいたします。
ご注文・お問い合わせも左記へお願いいたします。
〒三三一-八五〇七　さいたま市北区櫛引町二-六〇四
筑摩書房サービスセンター　電話〇四八-六五一-〇〇五三

ISBN978-4-480-07113-2 C0221

ちくま新書

713
縄文の思考
小林達雄
土器や土偶のデザイン、環状列石などの記念物は、縄文人の豊かな精神世界を語って余りある。著者自身の半世紀近い実証研究にもとづく、縄文考古学の到達点。

734
寺社勢力の中世
――無縁・有縁・移民
伊藤正敏
最先端の技術、軍事力、経済力を持ちながら、同時に、国家の論理、有縁の絆を断ち切る中世の「無縁」所。第一次史料を駆使し、中世日本を生々しく再現する。

791
日本の深層文化
森浩一
稲と並ぶ隠れた主要穀物の「粟」。田とは異なる豊かさを提供してくれる各地の「野」。大きな魚としてのクジラ。――史料と遺跡で日本文化の豊穣な世界を探る。

846
日本のナショナリズム
松本健一
戦前日本のナショナリズムはどこで道を誤ったのか。なぜ東アジアは今も一つになれないのか。近代の精神史の中に、国家間の軋轢を乗り越える思想の可能性を探る。

859
倭人伝を読みなおす
森浩一
開けた都市、文字の使用、大陸の情勢に機敏に反応する外交。――古代史の一級資料「倭人伝」を正確に読みとき、当時の活気あふれる倭の姿を浮き彫りにする。

895
伊勢神宮の謎を解く
――アマテラスと天皇の「発明」
武澤秀一
伊勢神宮をめぐる最大の謎は、誕生にいたる壮大なプロセスにある。そこにはなぜ、二つの御神体が共存するのか？神社の起源にまで立ち返りあざやかに解き明かす。

933
後藤新平
――大震災と帝都復興
越澤明
東日本大震災後の今こそ、関東大震災からの復興を指揮した後藤新平に学ばねばならない。都市計画研究の第一人者が、偉大な政治家のリーダーシップの実像に迫る。

ちくま新書

948
日本近代史
坂野潤治
この国が革命に成功し、わずか数十年でめざましい近代化を実現しながら、やがて崩壊へと突き進まざるをえなかったのはなぜか。激動の八〇年を通観し、捉えなおす。

957
宮中からみる日本近代史
茶谷誠一
戦前の「宮中」は国家の運営について大きな力を持っていた。各国家機関の思惑から織りなされる政策決定を見直し、大日本帝国のシステムと軌跡を明快に示す。

983
昭和戦前期の政党政治
――二大政党制はなぜ挫折したのか
筒井清忠
政友会・民政党の二大政党制はなぜ自壊したのか。軍部台頭の真の原因を探りつつ、大衆政治・劇場型政治が誕生した戦前期に、現代二大政党制の混迷の原型を探る。

1002
理想だらけの戦時下日本
井上寿一
格差・右傾化・政治不信……戦時下の社会は現代に重なる。その時、日本人は何を考え、何を望んでいたのか？体制側と国民側、両面織り交ぜながら真実を描く。

1034
大坂の非人
――乞食・四天王寺・転びキリシタン
塚田孝
「非人」の実態は、江戸時代の身分制だけでは捉えられない。町奉行所の御用を担っていたことなど意外な事実を明らかにし、近世身分制の常識を問い直す一冊。

1036
地図で読み解く日本の戦争
竹内正浩
地理情報は権力者が独占してきた。地図によって世界観が培われ、その精度が戦争の勝敗を分ける。歴史の転換点を地図に探り、血塗られたエピソードを発掘する！

1093
織田信長
神田千里
信長は「革命児」だったのか？ 近世へ向けて価値観が大転換した戦国時代、伝統的権威と協調し諸大名や世間の評判にも敏感だった武将の像を、史実から描き出す。

ちくま新書

1096 幕末史　佐々木克
日本が大きく揺らいだ激動の幕末。そのとき何が起き、何が変わったのか。黒船来航から明治維新まで、日本の生まれ変わる軌跡をダイナミックに一望する決定版。

1101 吉田松陰 ――「日本」を発見した思想家　桐原健真
2015年大河ドラマに登場する吉田松陰。維新の精神的支柱でありながら、これまで紹介されてこなかった思想家としての側面に初めて迫る、画期的入門書。

1127 軍国日本と『孫子』　湯浅邦弘
日本の軍国化が進む中、精神的実践的支柱として利用された『孫子』。なぜ日本は下策とされる長期消耗戦を辿り、敗戦に至ったか？　中国古典に秘められた近代史！

1132 大東亜戦争　敗北の本質　杉之尾宜生
なぜ日本は戦争に敗れたのか。情報・対情報・兵站の軽視、戦略や科学的思考の欠如、組織の制度疲労――多くの敗因を検討し、その奥に潜む失敗の本質を暴き出す。

1136 昭和史講義 ――最新研究で見る戦争への道　筒井清忠編
なぜ昭和の日本は戦争へと向かったのか。複雑きわまる戦前期を正確に理解すべく、俗説を排して信頼できる史料に依拠。第一線の歴史家たちによる最新の研究成果。

1144 地図から読む江戸時代　上杉和央
空間をどう認識するかは時代によって異なる。その違いを象徴するのが「地図」だ。古地図を読み解き、日本の形を作った時代精神を探る歴史地理学の書。図版資料満載。

1161 皇室一五〇年史　浅見雅男　岩井克己
歴代天皇を悩ませていたのは何だったのか。皇位継承、宮家消滅、結婚トラブル、財政問題――様々な確執やスキャンダルを交え、近現代の皇室の真の姿を描き出す。

ちくま新書

1224
皇族と天皇
浅見雅男
日本の歴史の中でも特異な存在だった明治以降の皇族。彼らはいかなる事件を引き起こし、天皇を悩ませてきたか。近現代の皇族と天皇の歩みを解明する通史決定版。

1247
建築から見た日本古代史
武澤秀一
飛鳥寺、四天王寺、伊勢神宮などの古代建築群を手がかりに日本誕生に至る古代史を一望する。仏教公伝、皇祖神創造、生前退位は如何に三次元的に表現されたのか？

1257
武士道の精神史
笠谷和比古
侍としての勇猛な行動を規定した「武士道」だが、徳川時代に内面的な倫理観へと変容し、一般庶民の生活にまで広く影響を及ぼした。その豊かな実態の歴史に迫る。

1266
昭和史講義3
——リーダーを通して見る戦争への道
筒井清忠編
昭和のリーダーたちの決断はなぜ戦争へと結びついたのか。近衛文麿、東条英機ら政治家・軍人のキーパーソン15名の生い立ちと行動を、最新研究によって跡づける。

1271
天皇の戦争宝庫
——知られざる皇居の靖国「御府」
井上亮
御府と呼ばれた五つの施設は「皇居の靖国」といえる。しかし、戦後その存在は封印されてしまった。皇居に残された最後の禁忌を描き出す歴史ルポルタージュ。

1280
兵学思想入門
——禁じられた知の封印を解く
拳骨拓史
明治維新の原動力となった日本の兵学思想。その独自の国家観・戦争観はいつ生まれ、いかに発展し、なぜ封印されるに至ったのか。秘められた知の全貌を解き明かす。

1290
流罪の日本史
渡邊大門
地位も名誉も財産も剝奪された罪人は、縁もゆかりもない遠隔地でどのように生き延びたのか。彼らの罪とは。事件の背後にあった、闘争と策謀の壮絶なドラマとは。

ちくま新書

1293
西郷隆盛
――手紙で読むその実像
川道麟太郎
西郷の手紙を丹念に読み解くと、多くの歴史家がその人物像を誤って描いてきたことがわかる。徹底した考証に基づき生涯を再構成する、既成の西郷論への挑戦の書。

1294
大坂　民衆の近世史
――老いと病・生業・下層社会
塚田孝
江戸時代に大坂の庶民に与えられた「褒賞」の記録を読みとくと、今は忘れられた市井の人々のドラマが見えてくる。大坂の町と庶民の暮らしがよくわかる一冊。

1300
古代史講義
――邪馬台国から平安時代まで
佐藤信編
古代史研究の最新成果と動向を一般読者にわかりやすく伝えるべく15人の専門家の知を結集。列島史の全体像が1冊でつかめる最良の入門書。参考文献ガイドも充実。

599
高校生のための古文キーワード100
鈴木日出男
暗記はやめる！　源氏物語注釈・枕草子注釈、古語辞典編著を経て、国文学界の第一人者が書き下ろす、読んで身につく古文単語。コラム〈読解の知恵〉も必読。

661
「奥の細道」をよむ
長谷川櫂
流転してやまない人の世の苦しみ。それをどう受け容れるのか。芭蕉は旅にその答えを見出した。芭蕉が得た大いなる境涯とは――。全行程を追体験しながら読み解く。

876
古事記を読みなおす
三浦佑之
日本書紀には存在しない出雲神話がなぜ古事記では語られるのか？　序文のいう編纂の経緯は真実か？　この歴史書の謎を解きあかし、神話や伝承の古層を掘りおこす。

952
花の歳時記〈カラー新書〉
長谷川櫂
花を詠んだ俳句には古今に名句が数多い。その中から選りすぐりの約三百句に美しいカラー写真と流麗な鑑賞文を付し、作句のポイントを解説。散策にも必携の一冊。

ちくま新書

1073
精選 漢詩集
――生きる喜びの歌
下定雅弘
陶淵明、杜甫、李白、白居易、蘇軾。この五人を中心に、深い感銘を与える詩篇を厳選して紹介。漢詩に結実する東洋の知性と美を総覧する決定的なアンソロジー！

1187
鴨長明
――自由のこころ
鈴木貞美
『方丈記』で知られる鴨長明には謎が多い。彼の生涯を仏教や和歌の側面から解釈しなおし、真の自由ともいえる、その世界観が形成された過程を追っていく。

1192
神話で読みとく古代日本
――古事記・日本書紀・風土記
松本直樹
古事記、日本書紀、風土記という〈神話〉を丁寧に読みとくと、古代日本の国家の実像が見えてくる。精神史上の「日本」誕生を解明する、知的興奮に満ちた一冊。

1254
万葉集から古代を読みとく
上野誠
民俗学や考古学の視点も駆使しながら万葉集全体を解剖し、今につながる古代人の文化史、社会史をさぐる型破りの入門書。「表現して、残す」ことの原初性に迫る。

1178
銅像歴史散歩〈カラー新書〉
墨威宏
歴史的人物や偉人の像、アニメのキャラクター像など日本全国の銅像を訪ね歩き、カラー写真と共に、豊富なエピソードや現地の情報を盛り込んで紹介する楽しい一冊。

1007
歌舞伎のぐるりノート
中野翠
素敵にグロテスク。しつこく、あくどく、面白い。歌舞伎は〝劇的なるもの〟が凝縮された世界。その「劇的なるもの」を求めて、歌舞伎とその周辺をめぐるコラム集。

1030
枝雀らくごの舞台裏
小佐田定雄
爆発的な面白さで人気を博した桂枝雀の、座付作者による決定版ガイド。演出の変遷、ネタにまつわるエピソード、芸談、秘話を、音源映像ガイドとともに書き記す。